■ Dr. med. Thomas Heintze

Basisbuch Trennkost

■ Alles, was Sie wirklich über Trennkost wissen müssen

Bibliografische Information der Deutschen Bibliothek
Die Deutsche Bibliothek verzeichnet diese Publikation in der Deutschen
Nationalbibliografie; detaillierte bibliografische Daten sind im Internet
über http://dnb.ddb.de abrufbar

© 2005 Karl F. Haug Verlag in MVS Medizinverlage Stuttgart GmbH & Co. KG.,
Oswald-Hesse-Straße 50, 70469 Stuttgart

Das Werk ist urheberrechtlich geschützt. Nachdruck, Übersetzung, Entnahme
von Abbildungen, Wiedergabe auf fotomechanischem oder ähnlichem Wege,
Speicherung in DV-Systemen oder auf elektronischen Datenträgern sowie die
Bereitstellung der Inhalte im Internet oder anderen Kommunikationsdiensten
ist ohne vorherige schriftliche Genehmigung des Verlages auch bei nur aus-
zugsweiser Verwertung strafbar.

Die Ratschläge und Empfehlungen dieses Buches wurden von Autoren und
Verlag nach bestem Wissen und Gewissen erarbeitet und sorgfältig geprüft.
Dennoch kann eine Garantie nicht übernommen werden. Eine Haftung der
Autoren, des Verlages oder seiner Beauftragten für Personen-, Sach- oder Ver-
mögensschäden ist ausgeschlossen.

Sofern in diesem Buch eingetragene Warenzeichen, Handelsnamen und Ge-
brauchsnamen verwendet werden, auch wenn diese nicht als solche gekennzeichnet sind, gelten die entsprechenden Schutzbestimmungen.

Programmplanung: Dr. Elvira Weißmann-Orzlowski
Lektorat: Susanne Arnold
Abbildungen Innenteil: Manfred Arnold: 40, 50, 54, 61, 62, 75–85, 86 unten, 88–
90 unten, 91–97, 99, 100, 102, 104, 105, 107, 108, 110–119, 122, 124–128, 132, 133, 135,
136
Frigesch Lampelmayer: 44, 53, 59, 64, 66, 72
alle übrigen: Foto Disc
Umschlaggestaltung: CYCLUS · Visuelle Kommunikation
Umschlagfotos vorn und hinten: Mauritius
Satz: IPa, Vaihingen/Enz
Druck und Verarbeitung: Westermann Druck Zwickau GmbH

ISBN 978-3-8304-2121-4   3 4 5

Vorwort	8

Trennkost – wofür und wie

Was Sie über Trennkost wissen sollten 12
Die Ursprünge der Trennkost 12
Was versteht man unter Trennkost? 13
Die Grundregeln der Trennkost 14
Was sind Kohlenhydrate? 15
Verdauungsvorgänge in unserem Körper 15
Die Verdauung der Kohlenhydrate 16
Die Last mit dem Glyx 17
Das Neueste aus der Wissenschaft für Sie – die glykämische Last 19
Glykämischer Index – Glykämische Last 21
Die Eiweiße (Proteine) 22
Die Eiweißverdauung 23
Der Säure-Basen-Haushalt 23
Säurebildner – Basenbildner 24

Wie und warum wirkt Trennkost? 25
Verbessern Sie Ihr allgemeines Wohlbefinden 26
Mit Trennkost zum Wunschgewicht 27

Trennkost im Alltag 30
Die acht Richtlinien für die Anwendung der Trennkost 30
Der Umschalttag 30
So wird aus Ihrem Sonntagsessen ein Trennkost-Menü 33
Die Zusammensetzung der Nahrung nach Hay und Walb 34
Grenzfälle der neutralen Gruppe 35
Chemie der Lebensmittel nach Rein-Stepp 35

Inhalt

Wie ernähre ich mein Kind gesund? 38
Kinder lernen durch Nachahmung 39
Zucker ist der Feind Nr. 1 für
   Gesundheit und Zähne Ihres Kindes! 39
Geduld ist die Mutter des Erfolges 40

Trennkost für Aktive 41
Trennkost im Beruf 42
Trennkost bei Sport und Freizeit 43
Fit für den Sport mit Trennkost 44
Wann und warum sollen Sie zusätzlich Nährstoffe
   einnehmen? 45
Trennkost im Urlaub 47

Mit Trennkost fit und aktiv im Alter 48
Heilkräutertee gegen Altersbeschwerden 49
Streicheleinheiten für Geist und Seele 50

Wann Sie was essen dürfen 51
Beispiel einer durchschnittlichen
   Tagesverpflegung 51
Menüvorschläge für drei Tage 52
Menüvorschläge für die vegetarische Küche 54

So machen Sie's richtig 56
Wie viel darf's denn sein? 58
Trinken ist wichtig 58
Und immer wieder: Bewegung macht fit 58

Kleine Lebensmittelkunde 59
Getreide – das Urnahrungsmittel 59
Mehl ist nicht gleich Mehl 60
Reis – das Nährstoffbömbchen 60
Parboiled Reis 61

Inhalt

Kartoffel – die tolle Knolle	62
Zucker – der Überflüssige	63
Fette – die Guten ins Töpfchen	63
Butter oder Margarine?	63
Pflanzliche Öle	64
Tierische Öle	64
Gutes Fett – schlechtes Fett	65
Die Milch macht's	66
Milchprodukte	66
Fleischlos glücklich?	67
Fischers Fritz fischt frische Fische	68
Energie aus dem Garten	69
Tipps für die Zubereitung bei Trennkost	70

Rezepte

Frühstücksideen	**74**
Keimen von Getreide	76
Brotaufstriche	**80**
Suppen	**83**
Vorspeisen und kleine Gerichte	**89**
Gemüse	**98**
Kohlenhydratgerichte	**102**
Eiweißgerichte	**109**
Soßen und Mayonnaisen	**124**
Desserts und süße Sachen	**128**
Kuchen und pikantes Gebäck	**134**
Rezeptregister	**138**

Vorwort

Noch nie haben wir – alle Mitglieder einer privilegierten Wohlstandsgesellschaft – uns so viele Gedanken über unsere Ernährung gemacht wie heute, denn wir wissen inzwischen wohl alle, dass viele Krankheiten ernährungsbedingt sind.

Früher mussten die Menschen hart um ihr „tägliches Brot" arbeiten, die Lebensmittel waren naturbelassen und nicht industriell verarbeitet, das Angebot war auf das beschränkt, was die Natur im Laufe des Jahres anbot. Heutzutage finden wir das ganze Jahr über ein geradezu paradiesisches Lebensmittelangebot vor. Aber eine größere Auswahl führt nicht automatisch zu einer besseren Ernährung, zumal die industrielle Bearbeitung der Lebensmittel häufig zu einem Mangel an Vitaminen, Ballaststoffen und Vitalstoffen führt.

Wichtig

Koffein und Alkohol schwächen den Körper, machen anfällig für Krankheiten oder führen diese sogar unmittelbar herbei.

Unser Leben wird zunehmend von Hektik und Stress regiert. Dies führt meist dazu, dass wir zu schnell, zu viel und meist auch noch falsch kombiniert essen. Wir verzehren zu große Mengen an Eiweiß, Fett, Salz und Zucker und nehmen mit den heutigen Nahrungsmitteln zu wenig Vitamine, Ballaststoffe, Spurenelemente und Mineralstoffe zu uns. Auch die Tiere, deren Fleisch oder Produkte wir verzehren, werden meist nicht mehr artgerecht gehalten und überdies mit Hormonen und anderen Fremdstoffen gefüttert, die dann ebenfalls in unseren Stoffwechsel gelangen.

Einerseits verführen Fast-Food-Restaurants mit fettem Essen und leeren Kalorien dazu, in kurzer Zeit den Hunger zu stillen und den Magen zu füllen. Auf der anderen Seite suggeriert uns Industrie und Gesellschaft, dass nur der, dessen Figur die Traummaße eines manchmal fast magersüchtig wirkenden Models hat, von der Gesellschaft anerkannt und akzeptiert wird.

Unsere Nahrung hat durch die industrielle Bearbeitung der Lebensmittel an Wert verloren – sie ist denaturiert.

Dies führt zwangsläufig zu immer größeren Problemen in unserem Gesundheitswesen:

Vorwort

Die Kliniken und Praxen sind voll von Menschen, die durch falsche Ernährung krank geworden sind. Dies fängt bei Verdauungsbeschwerden an, führt über Herz-Kreislauf-Erkrankungen, Krebs bis hin zu anderen schweren gesundheitlichen Störungen. Gleichzeitig benötigen immer mehr Magersüchtige und Essgestörte ärztliche Hilfe und Beistand.

Jeder Einzelne, auch Sie, kann durch eine naturgemäße, gesunde Ernährung – wie die Haysche Trennkost – seinen Gesundheitszustand verbessern und positive Auswirkungen auf Körper, Geist und Seele erzielen. Dieses Buch soll Sie ermuntern und befähigen, selbstständig und souverän die Selbstheilungskräfte Ihres Körpers zu pflegen und zu aktivieren und die Belastungen von außen entscheidend zu verringern, damit Sie gesund, fit und gut gelaunt werden und bleiben.

Dr. med. Thomas M. Heintze

Trennkost –

wofür und wie

Was Sie über Trennkost wissen sollten

Die Ursprünge der Trennkost

Dr. William Howard Hay (1866–1940) gilt als „Erfinder" der Trennkost. Sein Name steht quasi als Synonym für gesunde, naturbelassene Ernährung bei gleichzeitiger Trennung von eiweißreicher und kohlenhydratreicher Kost während einer Mahlzeit, die den Körper entgiftet und entsäuert.

> **Zitat**
>
> Die einzig wahre Behandlung aller Krankheiten ist die Verhinderung ihrer Ursachen.
>
> (H. Hay)

Im Alter von 41 Jahren erkrankte Dr. Hay an einem unheilbaren Nierenleiden. Keiner der Spezialisten, die er aufsuchte, machte ihm Hoffnung auf Gesundung. Aber Hay gab nicht auf: Bei intensiven Literaturrecherchen stieß er auf ein Bergvolk im Himalaja, bei dem Zivilisationskrankheiten völlig unbekannt waren. Seit Jahrhunderten ernährten sich diese Menschen ausschließlich von naturbelassenen Lebensmitteln und nahmen niemals eiweißreiche und kohlenhydratreiche Kost gleichzeitig zu sich.

Hay begann, seine Ernährung unter diesen Gesichtspunkten komplett umzustellen: Er verzehrte Nahrungsmittel nur noch in natürlicher Form, vorwiegend roh. Er aß nie mehr, als es ihm jeweils notwendig erschien, und er trennte vorwiegend eiweißreiche von vorwiegend kohlenhydratreichen Lebensmitteln.

Bald verschwanden seine Beschwerden, er wurde wieder leistungsfähiger und eines Tages wieder gesund. Bis ins hohe Alter erfreute er sich bester Gesundheit und starb mit 74 Jahren an den Folgen eines Unfalls.

Hay hatte auf Grund seiner eigenen Erfahrungen erkannt, dass sich in einem naturgemäß ernährten Körper Krankheiten nur schwerlich entwickeln und dieser sich selbst bei bereits bestehenden oder fortgeschrittenen Krankheiten wieder erholen kann, wenn die Zerstörung eines oder mehrerer Organe noch nicht zu groß ist.

Drei Dinge sind zur Gesundung jedoch unabdingbar:

- der Wille zur Gesundung,
- das Wissen, welche Methode zur Gesundung führt,
- ein gesunder Verdauungsapparat, um die Ernährungsumstellung durchführen zu können.

Mitte des 20. Jahrhunderts machte Dr. Ludwig Walb die Haysche Idee im deutschen Sprachraum populär. In seiner nach ihm benannten Klinik in Homberg/Ohm behandelte er mit großem Erfolg Patienten mit den verschiedensten Erkrankungen ganzheitlich und mit Trennkost. An seiner Klinik wurden auch verschiedene klinische Studien zur Wirksamkeit der Trennkost durchgeführt.

Was versteht man unter Trennkost?

Unter Trennkost versteht man die Trennung bestimmter Lebensmittelgruppen innerhalb einer Mahlzeit, um eine gewisse Ordnung in den Verdauungsprozess zu bringen. Alle Verdauungsorgane können dann ungehindert arbeiten, Verdauung und Verstoffwechselung laufen optimal ab.

Drei Dinge sind für unseren Körper besonders wichtig, damit er gut funktioniert: Ernährung, Stoffwechsel und Verdauung.

Bei zu wenig, zu viel oder ungeeigneter Nahrung, bei schlechter Verstoffwechselung oder ungenügender Ausscheidung bleiben die Schlacken- oder Giftstoffe, die eigentlich ausgeschieden werden müssen, im Körper. Sie bewirken Unwohlsein und zeigen so ein gestörtes Gleichgewicht an. Auf Dauer wird die Leistungsfähigkeit der Ausscheidungsorgane (Leber, Niere, Darm, Lunge und Haut) schwächer und ist bald erschöpft. Allgemeine Vergiftungserscheinungen sind die Folge. Es treten Beschwerden unterschiedlichster Art auf wie:

- Kopf-, Bauch- oder andere Schmerzen
- Schwere und Steifheit der Glieder
- Gelenk- und Muskelschwäche oder -schmerzen
- Schwindel und allgemeine Müdigkeit

Was Sie über Trennkost wissen sollten

- ▶ Haut- und Haarprobleme
- ▶ geschwollene und verklebte Augenlider
- ▶ gerötete Augen
- ▶ verstopfte Nase
- ▶ klebriger oder trockener Zungenbelag
- ▶ Husten

Durch eine gesunde Ernährung, wie sie die Trennkost darstellt, können dem Körper alle notwendigen Nährstoffe zugeführt werden und daher viele Menschen allmählich wieder gesund, ihre Leistungsfähigkeit verbessert und der Alterungsprozess verlangsamt werden.

Wichtig
Kohlenhydratreiche Lebensmittel wie Reis oder Kartoffeln nie zusammen mit eiweißreichen Lebensmitteln wie Fleisch oder Fisch verzehren, sondern zeitversetzt.

Die Grundregeln der Trennkost

Die zwei wichtigsten Grundregeln der Trennkost sind:
1. Eiweißreiche und kohlenhydratreiche Lebensmittel getrennt verzehren.
2. Das Säure-Basen-Gleichgewicht im Körper optimieren.

Trennkost bedeutet, dass der überwiegende Teil der täglichen Nahrung aus Salat, Gemüse und Obst besteht, ergänzt durch Milch und

Milchprodukte. Fleisch, Fisch und kohlenhydratreiche Nahrungsmittel wie Brot, Reis, Nudeln und Kartoffeln werden getrennt und nur in kleinen Mengen verzehrt.

Was sind Kohlenhydrate?

Kohlenhydrate sind Verbindungen von Kohlen-, Wasser- und Sauerstoff. Sie befinden sich in pflanzlichen und tierischen Produkten. Sie finden sich in allen Getreiden, Brot, Gebäck, Teigwaren, pflanzlicher und tierischer Stärke, weißem und braunem Zucker, Kartoffeln und in allen Obst- und Gemüsearten.

Verdauungsvorgänge in unserem Körper

Mit Hilfe von Verdauungssäften und Enzymen wird die Nahrung, die wir zu uns nehmen, im Verdauungstrakt in kleinste Bausteine aufgespalten. Diese gelangen vom Darm in die Leber und werden dort von unserem Körper entweder zusammengesetzt oder ganz abgebaut, um Energie zu gewinnen.

Kohlenhydratreiche Nahrungsmittel brauchen zu ihrer Verdauung ein leicht basisches Milieu, damit das Enzym Amylase seine Verdauungstätigkeit optimal ausführen kann. Das für die Verdauung von Eiweiß notwendige Enzym Pepsin hingegen arbeitet am wirksamsten in saurem Milieu.

Die Verdauung der Kohlenhydrate

Kohlenhydrate werden im Verdauungsapparat zu Einfachzuckern abgebaut. Einfachzucker sind Glukose (Traubenzucker), Fruktose (Fruchtzucker) und Galaktose (Milchzucker). Die beiden Letzteren werden in der Leber zu Glukose umgewandelt. Glukose ist ein wichtiger Brennstoff, der im Körper der Energieproduktion dient. Sie wird gespeichert und als Speicherzucker in Leber und Muskulatur deponiert. Wenn diese Speicher gefüllt sind und durch weitere Zufuhr von Kohlenhydraten der Zustrom an Glukose im Blut anhält, sorgt das Hormon Insulin für die Aufrechterhaltung des normalen Blutzuckerspiegels, indem es die Glukoseüberschüsse zur Speicherung und Umwandlung in Fett und Fettgewebe „entsorgt". Eine anhaltende Überproduktion von Glukose führt zu Fettbildung und Gewebeverschlackung.

Bereits im Mund beginnt die Verdauung der Kohlenhydrate. Das Enzym Amylase spaltet die in der Nahrung vorkommende Stärke in kleine Bestandteile auf. Hierzu benötigt es ein basisches Milieu. Ist dieses nicht gegeben, gelangt die Stärke fast unverdaut in den Magen oder Dünndarm.

Auch im Dünndarm wird Stärke mit Hilfe von Amylase verdaut. Ist dort das Milieu nicht ebenfalls leicht basisch, kommt es im allgemeinen zu einer Beeinträchtigung der Verdauung, es entstehen Gärungsvorgänge mit Gasbildungen. Ist dann auch die Darmflora nicht intakt (was bei den meisten der Fall ist), kommt es zu dem hinlänglich bekannten Völlegefühl nach dem Essen mit belastenden und quälenden Blähungen.

Auch Ballaststoffe sind Kohlenhydrate. Während der Körper Kohlenhydrate wie Zucker oder Stärke ohne weiteres abbauen und im Stoffwechselgeschehen verwerten kann, sind Faserbestandteile wie die Zellulose unverdaulich. Sie müssen von Darmbakterien aufgeschlossen werden, um dem Körper als Nährstoff verfügbar gemacht zu werden.

Die Last mit dem Glyx

Der Anstieg des Blutzuckerspiegels ist abhängig von der Verdaulichkeit und Resorptionsgeschwindigkeit der Kohlenhydrate in der Nahrung. Die blutzuckersteigernde Wirkung kohlenhydrathaltiger Lebensmittel (Konzentrationsverlauf der Blutzuckerkurve über 2 Stunden) wird als glykämischer Index (Glyx) bezeichnet.

Es ist also nicht gleichgültig, welche Kohlenhydrate wir essen. Der Glykämie-Index (abgekürzt „Glyx") verrät uns, welche günstig und welche ungünstig sind.

Der Glyx zeigt den Grad der Erhöhung des Blutzuckers nach dem Genuss eines Kohlenhydrats auf. Zur Ermittlung wird der Blutzuckeranstieg nach 50 g Kohlenhydraten gemessen und willkürlich als Maß 100 festgelegt. Damit lässt sich der Grad des Blutzuckeranstiegs nach Einnahme anderer Nahrungsmittel mit ebenfalls 50 g Kohlenhydratgehalt prozentual festlegen. Ein niedriger Glyx weist auf einen langsamen und niedrigen Blutzuckeranstieg hin. Dies geht von Glyx 1 bis Glyx 54.

Info
Bei Nahrung mit niedrigem glykämischen Index hält das Sättigungsgefühl länger an.

Günstige Kohlenhydrate weisen diese Werte auf. Dazu gehören: Salate und die meisten Gemüsearten wie Lauch, Kohl, Brokkoli, Gurken, Erbsen, Linsen, Zwiebeln, Knoblauch, Spinat, Endivie, Bambussprossen, Sauer- und Rotkraut, Fenchel, Pilze, Paprika, Sellerie, Radieschen, Spargel, Mangold, Auberginen, Artischocken, Oliven, Avocado, Zuc-

Wissenswertes

Sonderstellung der Kartoffel

Kartoffeln sind als Pellkartoffeln (gedämpft) Basenspender und zählen zu den Mittelwert-Kohlenhydraten. Durch die jeweilige Zubereitungsart wird der Glyx stark verändert. Er ist bei Bratkartoffeln, Pommes frites, Chips und Kartoffelauflauf höher als Zucker.

chini, Tomaten, Sojabohnen, Kichererbsen, Kräuter und Gewürze, rohe Karotten, Petersilienwurzel.

Günstige Obstsorten sind Äpfel, Aprikosen, Beerenfrüchte, Trauben, Kirschen, Pflaumen, Pfirsiche, Orangen und alle, die keinen zu hohen Zuckeranteil haben und deren Wert den Glyx 54 nicht übersteigen.

Auch Milchprodukte wie Joghurt, Sahne und Käse gehören zu den günstigen Kohlenhydraten, auch einige Getreidearten wie Gerste, Quinoa, Roggen und parboiled Reis. Die meisten anderen Getreidearten tendieren zu einem mittleren bis hohen Glyx.

Kohlenhydrate mit mittelhohem Glyx sind Langkornreis, Grieß, Pumpernickel, Haferflocken, Vollkornmehl, Pellkartoffeln, Mischbrot, Rüben, Milchreis, ungeschälter Reis, Weizenvollkornbrot, rote Bete, Kiwi, Mango, Papaya, Ananas, Bananen.

Ungünstige Kohlenhydrate mit hohem Glyx sind gekochte Karotten, Kartoffelpüree, Pommes frites, geschälter Reis, Reismehl und Reiswaffeln, Popcorn, Auszugsmehle. Im Vordergrund steht jedoch der Zucker sowie alkoholische Getränke. Alkohol ist eine Zuckerart. Aber auch zuckerhaltige Sportgetränke, Limonaden, Cola oder Fruchtsäfte überschwemmen das Blut mit Glukose und fördern durch Gärungsprozesse im Darm eine erhebliche Säurebelastung des Organismus und die Bildung eines aufgetriebenen Bauches („Bierbauch"). In der Folge treten Verdauungsprobleme mit Blähungen, Völlegefühl und/oder Sodbrennen auf und mit der Zeit auch Gelenk-, Herz-, Wirbelsäulenbeschwerden und anderes mehr.

Das Neueste aus der Wissenschaft für Sie – die glykämische Last

Besser als der glykämische Index vermittelt die glykämische Last ein vollständiges Bild und ermöglicht eine gesündere Kost im Alltag. Der glykämische Index wurde ursprünglich für Forschungszwecke erarbeitet, nicht zu Beurteilung der täglichen Ernährung. Denn der Glyx bezieht sich auf Nahrungsmittelportionen von 50 g Kohlenhydraten und nicht auf 50 g Lebensmittel. Der Unterschied ist gewaltig. Um den glykämischen Index von gekochten Karotten zu überprüfen, mussten Versuchspersonen für die geforderte Menge von 50 g Kohlenhydraten 1,6 kg Karotten pur und in einer Portion essen. Dies zeigt eindrucksvoll, wie wenig alltagstauglich der Glyx ist. Viel wichtiger für den Verbraucher ist doch im Alltag die Blutzucker-Wirkung, die eine durchschnittliche Beilagen-Portion Karotten bedingt. Diese entspricht etwa 100–150 g. Nach dem Glyx wären Karotten und Kartoffeln weitgehend zu meiden, weil sie einen sehr hohen Glyx haben. Außerdem reagieren Menschen unterschiedlich, je nach Stoffwechsel. Auch die Qualität der Nahrung, die Kombination mit anderen Lebensmitteln, die Stimmung, die Konstitution spielen hier mit hinein. Solange man nur kleine Portionen von Lebensmitteln mit relativ hohem Glyx isst, fällt die Blutzucker-Wirkung und die Kalorienmenge kaum ins Gewicht.

Wie berechnet man die glykämische Last?

Da es sich beim glykämischen Index streng genommen um Prozentangaben handelt, muss der Index zur Berechnung der glykämischen Last immer durch 100 geteilt werden:

Glykämischer Index / 100 × Kohlenhydrate

Beispiele:
Der aktualisierte Wert von Karotten in der Tabelle Glykämischer Index liegt bei 47.
100 g = 4,8 Kohlenhydrate
0,47 × 4,8 g = 2,3
Die glykämische Last pro 100 g ist also 2,3 (abgerundet 2).

Der Wert von gebackenen Kartoffeln in der Tabelle Glykämischer Index liegt bei 85.
100 g = 18 g Kohlenhydrate
0,85 × 18 g = 15,3
Also liegt die glykämische Last pro 100 g bei abgerundet 15.

Der Wert von Weißbrot in der Tabelle Glykämischer Index liegt bei 70.
100 g = 48 g Kohlenhydrate
0,7 × 48 = 33,6
Die glykämische Last pro 100 g liegt also bei aufgerundet 34.

In der Praxis kommt es also vor allem auf die glykämische Last der Nahrung an und nicht auf den glykämischen Index. So ist man flexibler in der Ernährung, was aber nicht heißt, dass Lebensmittel mit niedrigem glykämischen Index in beliebigen Mengen verzehrt werden können. Und auch Vollkornbrot sollten Sie nur in Maßen essen, denn dieses enthält viele Kohlenhydrate, die im Verdauungstrakt durch entsprechende Insulinmengen zu verwerten sind. So werden aus guten Kohlenhydraten schnell Insulin-Locker hohen Grades mit dem Risiko der Gewichtszunahme.

Von besonderer Bedeutung ist dies für Menschen, die sich wenig bewegen, und für Typ-2-Diabetiker. Je mehr diese Stärke und Zucker beim Essen aufnehmen, umso höher sind die Blutzucker-Spitzen nach dem Essen. Damit steigt das Risiko, dass die Blutgefäße Schaden nehmen. Für alle Übergewichtigen und Diabetiker gilt dies in besonderem Maße. Die nachfolgende Tabelle zeigt, dass nicht der Glyx, sondern die glykämische Last entscheidend ist.

Glykämischer Index – Glykämische Last

Getreideprodukte	GI	GL
Hirse	71	17
Couscous	65	15
Haferflocken	42	32
Cornflakes	84	72
Reiswaffeln	82	66
Weizenflocken	69	57
Maischips	73	46
Buchweizen	54	11
Weizen-Salzstangen	67	41

Reis und Nudeln, gekocht	GI	GL
Naturreis	55	12
Langkornreis	56	15
Weißer Reis, geschält	64	23
Basmati-Reis	60	15
Arborio-Reis	69	24
Parboiled Reis	47	11
Spaghetti	38	10
Makkaroni	47	13
Linguine	46	12

Kartoffelprodukte	GI	GL
Gekochte Kartoffeln	75	11
Gebackene Kartoffeln	85	15
Kartoffelchips	54	23
Pommes frites	75	15

Brot	GI	GL
Baguette	95	49
Weißbrot	70	34

Gemüse	GI	GL
Pastinaken	97	19
Karotten	47	4
Mais, frisch	54	12
Kürbis	74	4
Rote Bete	64	6
Süßkartoffeln	61	11
Yam-Wurzel	51	11

Milchprodukte	GI	GL
Vollmilch	27	1
Joghurt	33	6
Magermilch	32	1
Milchspeiseeis	61	14

Süßes	GI	GL
Würfelzucker	68	68
Laktose	46	46
Honig	55	39
Fruchtbonbons	70	68
Snickers	55	32
Twix	44	28
Nugat	32	13
Nutella	33	19
Fructose	19	19
Vollmilchschokolade	43	24

Hülsenfrüchte	GI	GL
Erbsen	48	4
Linsen	29	3
Grüne Bohnen	38	8

Als Referenz dient Glucose mit einem GI von 100 (modifiziert nach Worm). Glykämische Last GL = Glykämischer Index GI × Kohlenhydratanteil pro 100 g-Portion.

Die Eiweiße (Proteine)

Lebenswichtig ist nicht das Protein selbst, sondern seine Bausteine, die Aminosäuren. Die Menge und Art der Aminosäuren, aus der sich ein Eiweiß zusammensetzt, ist von Protein zu Protein unterschiedlich. Beide bestimmen aber ganz maßgeblich, welchen Wert ein bestimmtes Protein in der Ernährung hat.

Aus einer vorwiegend vegetarischen Kost, durch sinnvolle Kombination verschiedener pflanzlicher Eiweißquellen lässt sich eine im Eiweißgehalt vollwertige Kost zusammenstellen.

Tierische Eiweiße (Proteine) befinden sich beispielsweise in Fleisch, Fisch, Ei, Milchprodukten (wie Käse), Wurst sowie in Schalen- und Krustentieren. Pflanzliche Proteine sind zum Beispiel in Getreide, Kartoffeln, Reis, Hülsenfrüchten, Nüssen, Mandeln, Pilzen, Soja, Algen und dunkler Schokolade (70 % Kakao) enthalten.

Bei ungenügender Eiweißzufuhr über die Nahrung wird das Immunsystem und die Abwehrkraft geschwächt. Dieser Mangel führt zudem zu Bindegewebsschwäche, Muskelabbau, Organsenkungen, Haarausfall, Kälteempfindlichkeit und zahlreichen Fehlfunktionen von Organen.

Eine zu hohe Eiweißzufuhr, insbesondere in Kombination mit ungünstigen Kohlenhydraten, führt zur Säurebelastung, Ablagerung saurer Verbindungen in den Geweben, Gefäßverkalkung bis hin zur Eiweißmast.

Nach den bislang gültigen ernährungswissenschaftlichen Empfehlungen sollten nur 12–15 % der täglichen Energiezufuhr in Form von Eiweiß erfolgen. Eine Änderung der Empfehlungen der so genannten Ernährungspyramide bahnt sich an mit der Tendenz zu weniger Kohlenhydraten.

Die Eiweißverdauung

Mit Hilfe des Enzyms Pepsin und Salzsäure wird im Magen das verzehrte Eiweiß verdaut. Damit die Verdauung optimal ablaufen kann, muss das Milieu im Magen sehr sauer sein.

Bei der Mischkost, die wir üblicherweise zu uns nehmen, wird die Verdauungsarbeit unmäßig erschwert, da die beiden zur Verdauung notwendigen Enzyme jeweils ein unterschiedliches Milieu benötigen (Amylase für kohlenhydratreiche Kost ein leicht basisches und Pepsin für eiweißreiche Kost ein sehr saures). Die Folgen sind häufig das Gefühl der Müdigkeit nach dem Essen, Völlegefühl, Blähungen usw.

Eine hundertprozentige Trennung von Eiweißen und Kohlenhydraten in einer Mahlzeit ist jedoch weder möglich – auch Gemüse enthält wenig Eiweiß und Kohlenhydrate – noch notwendig. Bereits durch die Trennung der Extreme wird der Verdauungstrakt entlastet und die Verdauung verbessert.

Der Säure-Basen-Haushalt

Neben der Eiweiß- und Kohlenhydratverdauung spielt ein weiterer Sachverhalt eine wichtige Rolle für die Verdauung. Die Lebensmittel, die wir zu uns nehmen, werden im Körper unterschiedlich verstoffwechselt: Aus den einen entstehen Säuren (= Säurebildner), aus den anderen Basen (= Basenbildner).

Basenbildner enthalten viele Vitamine und Mineralstoffe wie Natrium, Kalium, Calcium, Magnesium und Eisen. Diese spielen für unsere Gesundheit eine große Rolle.

Info

Jedes Essen, dessen Menge den Bedarf des Organismus übersteigt, jedes Zuviel an Kohlenhydraten und/oder Proteinen wird im Darm durch Gärungs- oder Fäulnisprozesse unter Bildung von Giftstoffen zersetzt, in Fett umgewandelt und führt zur Verschlackung sowie zur chronischen Übersäuerung von Geweben, Gelenken und Organen.

Säurebildner – Basenbildner

Säurebildner	Basenbildner
Tierisches Eiweiß wie Fleisch, Fisch, Wurst, Innereien	Gemüse, auch Wurzelgemüse, Gemüsefrüchte, Blattgemüse, Salate
Pflanzliches Eiweiß wie Getreide, Mais, Reis, Weizen, Roggen, Hafer, Gerste, Amarant, Quinoa, Buchweizen, Vollkorn	Sojabohnen, Sojamilch, Kokosmilch
Auszugsmehle in Weißgebäck, Brot, Teigwaren, Vollkornmehle	Milch, Schlagsahne
Milchprodukte wie Quark, Käse	Pellkartoffeln
Industriekost, Fertigkost, Produkte aus der Dose, Ketchup, fertige Salatsoßen	Kastanien
Getränke wie Cola, Limonade, Sirup, Säfte, Cocktails	Reifes, heimisches Obst, auch Dörrobst
Raffinierte Öle und Fette	Mandeln, auch Mandelmilch
Fabrikzucker, Fruchtzucker und Konditorwaren, Pralinen	Wildkräuter wie Brennnessel, Löwenzahn, Rucola, Portulak, Bärlauch
Zitrusfrüchte wie Grapefruit	Gewürzkräuter wie Kresse, Schnittlauch, Kerbel, Koriander, Minze, Zitronenmelisse, Liebstöckel, Majoran, Thymian
Genussmittel wie Alkohol, Kaffee, Nikotin	Kaltgepresste (native) Pflanzenöle, Oliven

Sinnvolle Kombination: ¼ Säurebildner – ¾ Basenbildner

Säure bildende Lebensmittel schmecken nicht sauer und enthalten auch keine Säure; sie produzieren jedoch bei ihrer Verstoffwechselung Säure.

Sauer schmeckende Lebensmittel, die einen sauren pH-Wert haben, wirken beim Gesunden meist Basen bildend. Ist der Stoffwechsel jedoch gestört, begünstigen sie eine Übersäuerung.

Wie und warum wirkt Trennkost?

Eine wichtige Voraussetzung für Gesundheit, gute Lebensqualität und Lebensfreude ist eine gesunde Ernährung. Vor allem für Menschen, deren Immunsystem manchmal nicht stark genug ist, die an einer Allergie leiden oder bei denen gehäuft Infekte auftreten, ist die Trennkost sehr vorteilhaft, weil sie durch diese Kost reichlich Vitalstoffe, Vitamine, Mineralstoffe und Spurenelemente zu sich nehmen, ohne den Körper unnötig zu belasten. Auch bei Störungen des Stoffwechsels, wie bei Übergewicht, Diabetes, erhöhtem Blutdruck, hohen Blutfett- und Harnsäurewerten bis hin zu Gicht, bietet sich die Trennkost an. Ganz allgemein bessert sich durch die Entlastung des Verdauungsapparates und die Versorgung mit allen lebenswichtigen Vitalstoffen das allgemeine Wohlbefinden und einige bestehende körperliche oder seelische Erschöpfungszustände verschwinden von allein.

Auch Menschen, die sich von schweren Operationen erholen oder in Rehabilitationskliniken aufhalten, profitieren von der Trennkost.

Aber nicht nur für Kranke, sondern auch für Gesunde ist die Trennkost eine wichtige Voraussetzung für die Gesunderhaltung. Wer sich auf diese Weise ernährt, bleibt leistungsfähig, beugt Krankheiten vor und altert langsamer.

Wollen Sie schlanker werden und sich rundherum fit fühlen, so ist diese Ernährungsform bestens dazu geeignet. Ohne lästiges Kalorienzählen und mit Freude und Genuss am Essen können Sie Ihr Gewicht reduzieren und somit zu neuer Lebensfreude und Vitalität gelangen.

Letztendlich profitieren nicht nur Sie selbst durch die vollwertige Trennkost, auch die Umwelt wird weniger belastet, denn durch die größere Nachfrage nach biologisch erzeugten Lebensmitteln wird der ökologische Landbau unterstützt. Damit schonen wir Boden, Wasser und Luft – für unsere Kinder und Enkel.

Wie und warum wirkt Trennkost?

Verbessern Sie Ihr allgemeines Wohlbefinden

Wir alle sind heute durch zahlreiche Umweltbelastungen, schlechte Ernährung, Reizüberflutung, Bewegungsmangel, Stress und Erbschäden belastet, ohne dass wir uns tatsächlich „krank" fühlen, nur weil wir ab und zu über Rückenschmerzen jammern oder uns bereits zum dritten Mal eine Erkältung plagt. Meist werden diese „Wehwehchen" durch falsches Essen und minderwertige Kost hervorgerufen, die das Verdauungssystem schädigen und neben den genannten Beschwerden zahlreiche Verdauungsstörungen hervorrufen.

Die positiven Wirkungen der Trennkost auf das allgemeine Wohlbefinden lassen sich an einer Reihe von konkreten Verbesserungen ausmachen:

- Die Verdauung normalisiert sich, unangenehmes Völlegefühl, Aufstoßen und Blähungen verringern sich oder verschwinden.
- Die „pathologische" Tagesmüdigkeit (besonders die nach dem Essen), die Sie manchmal schlagartig überfällt, verschwindet.
- Verspannungen, Befindlichkeitsstörungen und Schmerzen verringern sich, treten seltener auf oder verschwinden ganz.
- Es stellt sich eine erhöhte Leistungsfähigkeit und Vitalität ein.
- Entschlusslosigkeit und Verstimmungszustände gehen zurück.
- Man fühlt sich jugendlicher, die Haut wird straffer und reiner, das Selbstbewusstsein wird dadurch gestärkt.
- Die Lebensqualität wird insgesamt besser, Sie fühlen sich rundum wohl.

Mit Trennkost zum Wunschgewicht

Es gehört heute zum gesicherten Erkenntnisstand, dass zumindest ein größeres Übergewicht, insbesondere die Fettsucht, eine deutliche Beeinträchtigung des Gesundheitszustandes darstellt. Es ist keine harmlose Erscheinung, sondern viel mehr: Lebenserwartung und Lebensqualität sind erheblich eingeschränkt.

Übergewicht und Fettsucht sind zwar nur zum Teil vererbbar, können aber bereits im frühesten Kindesalter angelegt werden. Wer schon als Kind mit Süßigkeiten verwöhnt oder „beruhigt" wird, wird auch als Erwachsener oft danach greifen. So entsteht der so genannte Altersdiabetes (Typ-2-Diabetes), der früher nur bei betagten Menschen festzustellen war, heute mehr und mehr jedoch bereits bei Jugendlichen.

Wer bislang Diäten aller Art hinter sich gebracht hat und den Jojo-Effekt der schnell zurückkehrenden Pfunde aus leidvoller Erfahrung kennt, wird wissen, dass nur eine langfristige Ernährungsumstellung zu dauerhaftem Erfolg führen kann. Hier bietet sich die Trennkost – am besten in Verbindung mit viel Bewegung an der frischen Luft – an. Der Körper erhält alle lebensnotwendigen Nährstoffe und sorgt für eine optimale Auswertung sowie den Abtransport von Giftstoffen, Schlacken und Säuren. Wenn Sie dann noch darauf achten, weniger schlechte und mehr gute Fette zu sich zu nehmen, steht dem Purzeln der Pfunde nichts mehr im Wege.

Tipp

Trinken Sie maximal 1–2 Tassen Kaffee pro Tag. Das darin enthaltene Koffein regt die Insulinproduktion und damit auch den Hunger an.

Wie und warum wirkt Trennkost?

Ähnlich wie bei vielen Reduktionsdiäten kommt aber auch die Trennkost nicht ohne eine gehörige Portion Durchhaltevermögen aus; Sie müssen schon den festen Willen aufbringen, sich an die Trennkostprinzipien zu halten – und sich anfangs auch immer wieder daran erinnern. Mit der Zeit wird Ihnen die Trennung dann in Fleisch und Blut übergehen und keine Umstände mehr bereiten. Sie wissen inzwischen: Trennkost ist keine Diät, sondern eine Dauerernährung, die Genuss mit Gesundheit verbindet.

Beim Abnehmen mit Trennkost brauchen Sie nicht zu hungern, Ihre Lebensqualität wird nicht eingeschränkt. Sie sollten lediglich gewisse „Spielregeln" einhalten:

▶ Setzen Sie sich ein realistisches Ziel, das Sie auch erreichen können.
▶ Setzen Sie sich nicht unter Druck, sondern lassen Sie sich Zeit.
▶ Essen Sie nur, wenn Sie wirklich Hunger haben.
▶ Hören Sie auf zu essen, wenn sich ein erstes Sättigungsgefühl einstellt. Essen Sie nie weiter, nur weil es so gut schmeckt oder „weil der Teller leer gegessen werden muss".
▶ Lassen Sie alles sichtbare Fett weg, verwenden Sie nur hochwertige Fette und Öle und dies in Maßen.
▶ Trinken Sie nur 1–2 Tassen Kaffee und nur sehr wenig kalorienreichen Alkohol, also nicht mehr als 1 Glas Bier oder $^1/_2$ Glas Wein pro Tag.
▶ Nehmen Sie vor jeder Hauptmahlzeit eine Portion Rohkost oder Salat zu sich; so fühlen sie sich schneller satt.
▶ Legen Sie zwischen den einzelnen Mahlzeiten eine Pause von mindestens 3–4 Stunden ein.
▶ Nehmen Sie abends eine Kohlenhydratmahlzeit zu sich. Diese hilft zu entspannen.
▶ Nehmen Sie nur eine Eiweißmahlzeit pro Tag zu sich.
▶ Den „kleinen Hunger zwischendurch" können Sie mit etwas Obst, einem Joghurt, einigen Vollkornkeksen, etwas Rohkostgemüse (Gurke, Tomate) Buttermilch oder Kefir stillen. Oft vertreibt schon ein Glas Wasser, Kräuter- oder Früchtetee das Hungergefühl.
▶ Trinken Sie reichlich Mineralwasser oder Tee; Ihr Urin sollte hell bis klar sein.

> **Wichtig**
>
> Mit Trennkost erreichen Sie – im Gegensatz zu den „Crash-Diäten" – eine allmähliche Gewichtsreduzierung, die aber dann von Dauer ist.

- Gehen Sie täglich 20 Minuten spazieren oder betätigen Sie sich zwei bis drei mal wöchentlich bei einem gemäßigten Ausdauersport (Radfahren, Joggen, Walken). Ihr Appetit wird gedämpft und Fettgewebe gezielt abgebaut. Wenn Sie jedoch regelmäßig Trampolin springen statt zu gehen oder zu joggen, reicht ein Drittel der oben angegebenen Zeit.

- Wenn Frust oder Stress die Ursachen für Hungerattacken sind, tun Sie bewusst etwas für die Entspannung (Autogenes Training, Yoga, Sport, schöne Musik, ein warmes Bad usw.).
- Gehen Sie nie hungrig einkaufen. Machen Sie sich einen Einkaufszettel, an den Sie sich auch halten, so sind Sie vor kalorienreichen Spontankäufen sicher.
- Essen Sie stets langsam und mit Genuss, kauen Sie jeden Bissen gründlich. Dadurch setzt die Sättigung schneller ein und die Nahrung wird bereits im Mund optimal vorverdaut.
- Haben Sie kein schlechtes Gewissen, weil Sie wieder einmal zu viel oder ungesund gegessen haben. Legen Sie einfach am nächsten Tag einen Obst-, Gemüse- oder Fristkosttag ein.
- Machen Sie sich nicht zum Sklaven der Waage. Am besten, Sie wiegen sich nur einmal wöchentlich oder noch seltener.

Trennkost im Alltag

Für einige ist die Umstellung von Normalkost auf Trennkost eine schwierige Hürde. Wenn Sie das Trennkostprinzip aber begriffen haben, ist es ganz einfach. Als Richtlinie gilt:

Niemals überwiegend kohlenhydratreiche Lebensmittel mit überwiegend eiweißreichen kombinieren!

Info
Keine Eiweißmahlzeiten mehr nach 15 Uhr!

Die acht Richtlinien für die Anwendung der Trennkost

1. Trennen Sie innerhalb einer Mahlzeit eiweißreiche Lebensmittel von kohlenhydratreichen Lebensmitteln.
2. Verwenden Sie nur natürliche und naturbelassene Lebensmittel und verzehren Sie nur so viel davon, wie zur Erhaltung des Lebens nötig ist.
3. Verringern sie konzentriertes Eiweiß und konzentrierte Stärke, um eine Übersäuerung des Körpers zu verhindern.

4. Nehmen Sie für einen optimalen Säure-Basen-Haushalt etwa $3/4$ überwiegend rohe Basenbildner wie Gemüse, Salate und Obst und nur etwa $1/4$ Säurebildner wie Eiweiß und Fleisch zu sich.
5. Essen Sie morgens Basen-, mittags Eiweiß- und abends Kohlenhydratmahlzeiten.
6. Alle neutralen Lebensmittel (siehe Tabelle Seite 34) können sowohl mit eiweißhaltigen als auch mit kohlenhydrathaltigen Lebensmitteln kombiniert werden.
7. Essen Sie langsam und in Ruhe und kauen sie gründlich.
8. Halten Sie zwischen den Mahlzeiten Pausen von 3–4 Stunden ein.

Der Umschalttag

Damit sich Ihr Körper an die neue Kostform gewöhnen kann, sollten Sie einen so genannten Umschalttag einlegen. Es gibt verschiedene Möglichkeiten, diesen Tag zu gestalten. Entscheiden Sie sich einfach unter den folgenden Alternativen für jene, die Ihnen am meisten zusagt.

Obsttag

Bis 15 Uhr dürfen Sie heimisches frisches Obst essen, so viel Sie mögen. Nach 17 Uhr sollten nur noch zwei Bananen verzehrt werden.

Gemüse-Salat-Tag

Leicht gedünstetes (ggf. auch rohes) Gemüse der Saison und/oder Salat dürfen in beliebiger Menge verzehrt werden. Verzichten Sie bei der Zubereitung auf Fett und Salz und verwenden Sie stattdessen Kräuter oder Gemüsebrühe. Achten Sie darauf, nur so viel zu essen, bis Sie kein Hungergefühl mehr verspüren.

Karoffeltrunk-Tag

Kartoffeltrunk ist besonders reich an Basenbildnern und sollte verteilt über den Tag getrunken werden. Er ist für alle, die einen empfindlichen Verdauungsapparat haben, besonders geeignet.

So wird's gemacht

500 g Kartoffeln (aus biologischem Anbau) waschen und mit der Schale in etwa 2 Liter Wasser garen. Anschließend die Kartoffeln mit der Kochflüssigkeit pürieren.

Kartoffel-Gemüse-Suppen-Tag

Bereiten Sie nach folgendem Rezept eine Suppe vor, die Sie portionsweise über den Tag verteilt zu sich nehmen.

So wird's gemacht

3 mittelgroße Kartoffeln, 3 Zwiebeln, 3 Stangen Lauch, 1 Sellerieknolle und 3 Karotten putzen bzw. schälen. Gemüse waschen, zerkleinern und in einen Topf mit Wasser (ungesalzen!) geben. Garen Sie das Gemüse, bis es weich ist und würzen Sie mit frischen Kräutern.

So wird aus Ihrem Sonntagsessen ein Trennkost-Menü

Speiseplan Normalkost:	Rinderbraten mit Soße, Klöße, Karotten und Salat
Speiseplan Trennkost:	Salat als Vorspeise
wahlweise	Rinderbraten und eine größere Portion Karotten
oder	Klöße und eine größere Portion Karotten

... und alles mit Ruhe und Genuss essen und gründlich kauen!

Trennkost im Alltag

Die Zusammensetzung der Nahrung nach Hay und Walb

Mische nicht

Konzentrierte Lebensmittel vorwiegend kohlenhydrathaltig (Stärke, Zucker)	Neutrale Lebensmittel	Konzentrierte Lebensmittel vorwiegend eiweißhaltig
Alle Getreidearten wie: Weizen, Dinkel, Roggen, Gerste, Hafer, Mais, Naturreis	Folgende Fette: Pflanzliche Öle und Fette (ungehärtet und naturbelassen), kaltgepresste Öle aus Samen und Keimen wie Weizenkeimöl, Sonnenblumenöl, Leinöl, Rapsöl, Olivenöl, Sesamöl, Sojaöl, Traubenkern- oder Walnussöl und Butter	Alle gegarten Fleischsorten (außer Schweinefleisch) wie Braten, Steak, Schnitzel, Gulasch, Rouladen, Rollbraten, Hackfleischgerichte, Kotelett
Alle Vollkornerzeugnisse wie Vollkornbrot und -brötchen, Vollkornkuchen, Vollkornnudeln, Vollkorngrieß	Alle gesäuerten Milchprodukte wie Kefir, Buttermilch, Vollmilchjoghurt, saure Sahne, Quark; süße Sahne; Doppelrahmkäse über 60% Fett i. Tr.; Weißkäse	Alle gegarten Geflügelsorten wie Putenbrust, Geflügelbratwurst, Grillhähnchen
Folgende Gemüse- und Obstsorten: Kartoffeln, Topinambur, Schwarzwurzeln, Bananen, Datteln und Feigen, unbeschwefelte Trockenfrüchte, wie Rosinen und getrocknete Aprikosen	Eigelb; reife Oliven	Alle gegarten Wurtsorten wie Rindersaftschinken, Rindersalami, Geflügelwurst
	Folgende Gemüse- und Salatsorten: Artischocken, Auberginen, Blattsalate, Blumenkohl, Brokkoli, Brunnenkresse, Chicorée, Chinakohl, Feldsalat, Fenchel, Grünkohl, Gurken, Karotten, Kohlrabi, Kürbis, Lauch, Löwenzahn, Mangold, Paprikaschoten, Pastinaken, Peperoni, Radieschen, Rettich, Rosenkohl, rote Bete, Rotkohl, weiße Rüben, Sauerkraut, Sellerie, Spargel, roher Spinat, Steckrüben, rohe Tomaten, Weißkohl, Wirsing, Zucchini, Zwiebeln	Alle frischen Fischsorten wie Scholle, Kabeljau, Seelachs, Forelle, Lachs, Thunfisch, Makrele, Heilbutt, Hering, Hecht, Schalen- und Krustentiere
Folgende Süßungsmittel: Honig, Ahornsirup, Apfel- und Birnendicksaft, Frutilose		Käse bis 50% Fett i. Tr. wie Harzer, Tilsiter, Gouda
Bier		Milch; Eier; Tofu (= Sojaeiweiß)
Nicht empfohlen: Weißmehl, Weißbrot, Weißmehlnudeln, polierter Reis, Sago, Erdnüsse, weißer Zucker, Süßigkeiten, Marmeladen, Gelees, Eingemachtes	Andere Nahrungsmittel: Agar-Agar, Nüsse, Mandeln (außer Erdnüsse), Heidelbeeren, Gartenkräuter, gekörnte Gemüsebrühe, Vollmeersalz, Muskatnuss	Gekochte Tomaten (auch aus der Dose), gekochter Spinat
		Zu kombinieren mit eiweißreichen Lebensmitteln: Steinobst; Beeren; Kernobst; Wildfrüchte; Südfrüchte, Zitrusfrüchte
	Nicht empfohlen: Getrocknete Hülsenfrüchte gehärtete Fette Fertigprodukte wie Mayonnaise, Suppen, Soßen schwarzer, Tee, größere Mengen Kaffee, Kakao Eingemachtes, Essigessenz	**Nicht empfohlen:** Schweinefleisch, rohes Eiweiß, fette Wurst, Rhabarber, Süßstoff, Kochsalz, geräucherte und gepökelte Fleischwaren

Grenzfälle der neutralen Gruppe

Gesäuerte Milchprodukte gelten trotz ihres hohen Eiweißgehalts als neutral, da das Eiweiß durch die Säuerung vorverdaut wurde und infolgedessen leichter verdaulich ist.

Gemäß Dr. Hay gelten Fisch, Fleisch und Wurst, wenn sie roh oder geräuchert sind, als neutral. Sie enthalten viel Eiweiß, sind aber noch naturbelassen. Erst durch das Braten oder Kochen verändert sich ihre Zellstruktur (das Eiweiß wird denaturiert). Deshalb ordnete Hay dieses schwerer verdauliche Eiweiß in die Eiweißgruppe ein.

Chemie der Lebensmittel nach Rein-Stepp

	100 g des Lebensmittels enthalten in Gramm			
	Eiweiß	Fett	Kohlenhydrate	Asche (Mineralien)
Konzentrierte Lebensmittel – vorwiegend kohlenhydrathaltig				
Vollkornbrot	8,0	1,1	41,0	1,5
Roggenvollkornbrot	7,0	0,8	46,0	1,2
Vollkornweizenmehl	11,8	1,5	71,0	0,6
Haferflocken	14,0	6,7	65,0	1,9
Vollkornreis	8,0	0,5	77,0	0,8
Vollkornnudeln	14,0	2,4	69,0	0,8
Kartoffeln	2,1	0,1	21,0	1,1
Topinambur	2,3	0,4	16,9	1,6
Schwarzwurzeln	1,0	Spur	15,0	1,0
Honig	0,3	-	80,0	0,3
Feigen, getrocknet	3,4	0,8	65,3	2,1
Datteln, getrocknet	1,9	0,6	73,3	1,8
Äpfel, getrocknet	1,0	Spur	60,0	1,6
Aprikosen, getrocknet	5,0	Spur	61,4	3,1
Pflaumen, getrocknet	2,3	Spur	72,6	2,0
Rosinen	2,1	Spur	67,8	1,9
Bananen	1,0	Spur	22,7	0,9

Trennkost im Alltag

	100 g des Lebensmittels enthalten in Gramm			
	Eiweiß	Fett	Kohlenhydrate	Asche (Mineralien)
Neutrale Lebensmittel				
Rahm	3,4	10 (30)	4,7	0,75
Butter	0,8	84,5	0,5	0,2
Fettkäse	26,0	30,0	2,1	4,6
Crème fraîche	2,3	30,2	2,3	0,5
Quark 40 %	11,0	11,5	3,0	0,7
Buttermilch	3,4	0,5	4,7	0,7
Eigelb	32,0	0,9	52,3	6,3
Mandeln	21,0	53,0	14,0	2,3
Walnüsse	14,5	63,0	12,9	2,0
Haselnüsse	17,0	63,0	7,0	2,5
Heidelbeeren	0,5	0,6	9,8	0,4
Blumenkohl	2,5	-	4,0	0,8
Grüne Bohnen	3,0	-	6,0	0,7
Champignons	5,0	0,2	3,0	0,8
Gurken, ungeschält	0,6	-	1,0	0,5
Karotten	1,0	0,2	9,0	0,7
Kohlrabi	2,5	Spur	6,0	1,0
Kohlrüben	1,0	Spur	7,0	0,7
Radieschen	1,0	Spur	4,0	0,7
Spargel, geschält	2,0	Spur	2,0	0,5
Steinpilze, frisch	5,0	0,4	4,0	1,0
Spinat*	2,0	Spur	2,0	1,0
Tomaten*	1,0	Spur	4,0	0,6

Chemie der Lebensmittel nach Rein-Stepp

	100 g des Lebensmittels enthalten in Gramm			
	Eiweiß	Fett	Kohlenhydrate	Asche (Mineralien)
Konzentrierte Lebensmittel – vorwiegend eiweißhaltig				
Kalbfleisch, fett	19,0	11,0	Spur	1,0
Rindfleisch, mager	21,0	4,0	spur	1,1
Hühnerfleisch, fett	19,0	9,0	Spur	0,9
Gänsefleisch	14,0	44,0	Spur	0,7
Blutwurst	14,0	32,0	Spur	2,7
Hühnerei	14,0	11,0	0,6	0,9
Kabeljau	16,0	0,3	–	1,3
Hecht	18,0	0,4	–	1,2
Hering	20,0	17,0	–	14,0
Aal	12,0	28,0	–	0,9
Magerkäse	38,0	2,0	3,0	4,4
Sojamehl, entfettet	50,0	0,3	26,0	6,0
Vollmilch	3,4	3,4	4,7	0,75
Saures Obst:				
Äpfel, frisch	0,4	–	14	0,4
Apfelsinen	0,8	–	14	0,5
Erdbeeren	1,0	–	9	0,7
Himbeeren	1,0	–	8	0,6
Pflaumen	0,8	–	17	0,5
Nicht empfohlene Hülsenfrüchte:				
Bohnen, Kerne	26,0	2,0	47,0	3,0
Erbsen, getrocknet	23,0	2,0	52,0	3,0
Linsen	26,0	2,0	53,0	3,0

* Unter historischen Gesichtspunkten (Original Hay) gehören gekochte Tomaten und gekochter Spinat zu den Eiweißmahlzeiten.

Wie ernähre ich mein Kind gesund?

Die gesunde Ernährung ordnet sich in eine naturgemäße Lebensführung ein. Zuerst muss man sich selbst erziehen, dann Vorbild sein. Wenn Eltern mit ihren Kindern eine Mahlzeit oder sogar ein Festessen gemeinsam vorbereiten und genießen, macht das Spaß, später machen die Kinder es selbstständig. So lernen Kinder ihre eigenen Möglichkeiten und Grenzen kennen und in Verantwortung zu leben. Gesundheitsbildung als Chance zur Selbstverwirklichung. Neben dem Bemühen um die Gesundheit unserer Kinder muss der engagierte Einsatz für den Erhalt unserer Lebensgrundlagen (sauberes Wasser, saubere Luft, unbelasteter Boden) stehen.

Kinder lernen durch Nachahmung

Das Hinführen zu guten Gewohnheiten gelingt am besten durch das Vorbild. Geduld, Liebe, Konsequenz und das Fehlen von Fanatismus sind notwendig. Dies gelingt zuerst im Alltag in der Familie zu Hause, dann auch im Kindergarten und in der Schule. Am besten gelingt dies in einer liebevollen harmonischen Atmosphäre bei einer gemeinsamen Mahlzeit. Die gesunde Kost muss optisch anregend sein, phantasievoll zubereitet und auch lecker schmecken. Lassen Sie sich bei der Umstellung Zeit, üben Sie keinen Zwang aus, sondern geben Sie kindgerecht Einsicht in die Zusammenhänge.

Zucker ist der Feind Nr. 1 für Gesundheit und Zähne Ihres Kindes!

Ein großer Teil aller Zehnjährigen leidet heute bereits unter Karies; jedes 3. Kind in der westlichen Welt hat Übergewicht! Sie ernähren sich ebenso falsch wie die Eltern, essen zu unregelmäßig, zu fett, zu schnell, zu viel Fastfood und vor allem zu viel Zucker. Um die Gesundheit Ihres Kindes nicht nachhaltig zu gefährden, sollten Sie geduldig mit der Umstellung auf eine naturbelassene vollwertige Kost beginnen.

- ▶ Versuchen Sie, Ihr Kind für natürliche Vorgänge wie Säen, Wachsen, Ernten zu begeistern, in dem Sie ihm ein kleines Stückchen im Garten oder einen Blumenkasten zur Verfügung stellen. Fast jedes Kind wird mit Begeisterung die Samen einbringen, ungeduldig das Keimen erwarten und voll Freude Kresse, Sprossen, Körner, Erbsen, Möhrchen oder Beeren ernten und meist mit viel Vergnügen die „eigenen" Erzeugnisse verspeisen.
- ▶ Reduzieren Sie die Menge der Süßigkeiten und ersetzen diese allmählich durch gesunde Naschereien: Obst, Nüsse und Mandeln (keine Erdnüsse), Rohkost oder Dörrobst.
- ▶ Reduzieren Sie vor allem alle zuckerhaltigen Getränke und ersetzen diese nach und nach durch gekühlte Früchte- oder Kräutertees oder Wasser (Leitungswasser ist qualitativ besser als Mineralwasser).

Geduld ist die Mutter des Erfolges

Überraschen Sie Ihr Kind nicht mit einer plötzlichen, tief greifenden Nahrungsumstellung, sondern gehen Sie behutsam vor. Verwenden Sie nur noch gesunde Produkte aus biologischem Anbau und verringern Sie die Menge der Säurebildner wie Fleisch, Fisch und Wurst. Ersetzen Sie immer häufiger Weißmehlbrot durch Vollkornbrot und – wenn es unbedingt süß sein muss – Marmelade und süße Brotaufstriche durch Honig. Lassen Sie Ihr Kind verschiedene Früchte- und Kräutertees (warm oder kalt) ausprobieren, es findet sich sicher ein „Lieblingstee" darunter.

Von großer Bedeutung ist auch die Atmosphäre während der Mahlzeiten. Halten Sie Ihr Kind dazu an, langsam zu essen und gründlich zu kauen. Dabei sollten Sie natürlich mit guten Beispiel vorangehen.

Trennkost für Aktive

Unsere zivilisationsbedingte, unnatürliche Lebensführung ist gekennzeichnet durch Stress, Hektik, Bewegungsmangel, falsche Ernährung, zu wenig Entspannung, schlechte Luft, unnatürliche Lebensrhythmen, Überforderung und unzureichende Entgiftung. Dies hat in besonderem Maße bei denen, die kontinuierlich Höchstleistungen erbringen müssen – sei es im Beruf, verbunden mit Stress und Hektik, sei es durch harte körperliche Arbeit oder intensive sportliche Betätigung – große Auswirkungen auf die Gesundheit und das Wohlbefinden.

Für diese Menschen ist die Trennkost die ideale Ernährungsform. Die Trennkost-Richtlinien sollten jedoch den jeweiligen Bedürfnissen individuell modifiziert werden.

Als Ausgleich für die überdurchschnittlichen beruflichen Belastungen und Stress bedarf es einer qualitativ hochwertigen Ernährung mit besonders viel Obst und Gemüse. Die unnötige Belastung mit Weißmehl, Zucker und zu viel Fleisch sollte deutlich verringert werden. Achten Sie – neben möglichst regelmäßigen Trennkost-Mahlzeiten – auf den Ausgleich durch angemessene körperliche Aktivität, wie beispielsweise täglich 20 Minuten stramm gehen und mindestens einmal pro Woche

eine Stunde Sport (so dass Sie ins Schwitzen kommen). Individuell effektive Entspannungsmöglichkeiten sollten regelmäßig den Stress ausgleichen. Bei gehobenem Lebensalter bzw. bei schwacher Verdauungskraft sollten Sie statt des höheren Rohkostanteils lieber mehr gedünstetes Gemüse essen. Stressbedingter muskulärer Verspannung können Sie mit Magnesium entgegenwirken. (Weitere Tipps siehe unten: Trennkost im Beruf.)

Trennkost im Beruf

Nicht nur zu Hause, auch am Arbeitsplatz können Sie sich ohne große Umstände nach den Richtlinien der Trennkost ernähren. Frühstücken Sie zu Hause wie gewohnt und nehmen sich für den kleinen Hunger zwischendurch etwas Obst oder einige Nüsse, beispielsweise Walnüsse (Gehirnnahrung!) von zu Hause mit zur Arbeit. Wenn Sie gezwungen sind, in der Kantine oder im Restaurant zu essen, verzichten sie nicht auf Ihr Mittagessen. Sie kommen sonst abends mit einem Bärenhunger nach Hause und sind ganz schnell bereit, alle Trennkostgrundsätze über Bord zu werfen!

Entscheiden Sie sich in der Kantine oder im Restaurant für einen großen gemischten Salat als Vorspeise und eine Kohlenhydrat- oder eine Eiweißmahlzeit. In jedem Fall sollte viel neutrales Gemüse dabei sein. Nach einer Kohlenhydratmahlzeit empfiehlt sich etwas süßes Obst oder eine Banane zum Nachtisch, nach einer Eiweißmahlzeit sollten Sie zu saurem Obst, wie Apfel oder Orange, greifen.

Alle, die eine vorwiegend sitzende Tätigkeit ausüben, sollten darauf achten, dass sie ausreichend Bewegung haben. Also, rufen Sie Ihren Kollegen im Nachbarbüro nicht an, sondern gehen Sie die paar Schritte zu ihm hinüber. Stehen Sie immer wieder einmal von Ihrem Bürostuhl auf, atmen Sie einige Atemzüge am offenen Fenster tief durch und/oder machen Sie ein paar gymnastische Übungen. Sie werden dann wieder frisch und fit an die Arbeit gehen!

Mein Tipp

Gehen Sie nach dem Mittagessen kurz an die frische Luft und machen Sie ein paar Atemübungen, schlenkern die Beine und hüpfen ein wenig hin und her. So kehren Sie anschließend fit an Ihren Arbeitsplatz zurück!

Trennkost bei Sport und Freizeit

Sport ist für viele von uns zu einem wichtigen Ausgleich für eine sonst eher bewegungsarme Lebensweise geworden. Sportliche Betätigung hilft, Spannungen abzubauen und in zivilisierte Bahnen zu lenken, ohne zerstörerisch zu wirken. Bewegung ist gut für die Gesundheit, stärkt insbesondere Herz, Kreislauf sowie das Immunsystem und beugt Osteoporose vor. Unser Körper braucht die Phase der anstrengenden Muskelaktivität, da er oft erst im Anschluss daran aktiv entspannen und in den Ruhezustand übergehen kann. Bewegung ist für unsere Gesundheit also ebenso unerlässlich wie Ruhephasen. Jeder Sport ist bis zum Ermüdungspunkt sinnvoll; Sport bis zur Übermüdung schadet hingegen, weil er unseren Vergiftungszustand verschlimmert, indem er noch mehr Säurerückstände in einem Körper, der mit diesen Substanzen bereits überladen ist, erzeugt. Allmählich gesteigerter Sport, der die Übermüdung verhindert, erhöht unsere Kräfte und Ausdauer.

30 Minuten sportliche Tätigkeit können wahre Wunder bewirken. Regelmäßige Bewegung beugt Übergewicht, Verstopfung, Bluthochdruck und Herzerkrankungen vor. Sie regt auch Kreislauf und Stoffwechsel an, stärkt Knochen und Lungenfunktion, festigt das Bindegewebe, strafft die Haut, fördert den Muskelaufbau sowie den Fettabbau und sorgt zudem für eine ausgeglichene Gemütslage.

Fit für den Sport mit Trennkost

Voraussetzung für Fitness und körperliches Wohlbefinden ist gerade für Sporttreibende richtiges Essen und Trinken. Ernährungsfehler können Ausdauer und Konzentration mindern, Muskelkrämpfe oder Schwächeanfälle hervorrufen und zu Leistungseinbrüchen führen. Beste Grundlage ist immer eine vollwertige Basisernährung:

Der Ausdauersportler muss den Kohlenhydratanteil in der Nahrung erhöhen, um den Glykogengehalt im Muskel und in der Leber zu steigern und dadurch eine Verbesserung seiner Ausdauerleistungsfähigkeit zu erreichen. Einfache Kohlenhydrate wie Zucker oder Traubenzucker gehen schnell ins Blut über. Um die erhöhte Blutzuckermenge wieder abzubauen und den Zucker in die Zellen zu schleusen, schüttet der Körper vermehrt das Hormon Insulin aus. Ein erhöhter Insulinspiegel vor dem Sport hat aber den erheblichen Nachteil, dass er die Fettverbrennung hemmt. Die für die Leistungsfähigkeit wichtigen Glykogenspeicher werden zu schnell abgebaut. Wenn Sie sich also sportgerecht ernähren wollen, bevorzugen Sie langkettige (komplexe) Kohlenhydrate wie in Verbindung mit Ballaststoffen, die langsam und kontinuierlich ins Blut sickern. Der Blutzuckerspiegel bleibt damit gleichmäßig hoch und Sie länger fit.

Wenn Sie einen Kraftsport wie beispielsweise Bodybuilding oder Gewichtheben betreiben, müssen Sie auf den Eiweißgehalt Ihrer Nahrung achten. Ohne ausreichende Eiweißzufuhr können nämlich keine Muskeln aufgebaut werden. Oft wird jedoch der Eiweißbedarf überschätzt und Eiweißquellen falsch ausgewählt. Hochkonzentrierte Eiweißpräparate benötigen allenfalls Hochleistungssportler.

Am Abend vor einem Wettkampf sorgt ein kohlenhydratreiches Abendessen für gut gefüllte Glykogenspeicher. Empfehlenswert sind Gerichte wie Reisspeisen, Kartoffelgerichte, Teigwaren mit fettarmen Soßen oder auch Getreidegerichte. Die letzte größere aber leichte Mahlzeit sollten Sie drei bis vier Stunden vor Beginn der sportlichen Aktivitäten einnehmen, denn ein voller Bauch belastet den Organismus ebenso wie ein knurrender Magen.

Und nicht vergessen: trinken Sie ausreichend frisches Wasser! Dabei sollten Sie darauf achten, dass Sie schon vor dem Auftreten eines Durstgefühls trinken; denn wenn der Durst sich erst einmal meldet, liegt bereits ein Flüssigkeitsdefizit vor.

Wann und warum sollen Sie zusätzlich Nährstoffe einnehmen?

Wenn Sie Lebensmittel, Gemüse und Obst bester Qualität zur Zubereitung Ihrer Mahlzeiten verwenden, können Sie damit grundsätzlich den Bedarf an notwendigen Vitaminen, Mineralstoffen und Spurenelementen abdecken. Das heißt, Sie kaufen je nach Jahreszeit das entsprechende Obst und Gemüse frisch und am besten aus biologischem Anbau. Sonnengereifte Produkte haben mehr Energie, Vitamine und Mineralstoffe gespeichert, sie schmecken auch wesentlich besser, wenn sie unbehandelt sind und nicht bereits einen langen Transportweg hinter sich haben.

Mit frischen Grundprodukten – wie Salate, Küchenkräuter, Obst und Gemüse – haben Sie die beste Basiskost. Wenn dazu noch gute Eiweißquellen von Fleisch, Fisch, Milchprodukten und Vollwertgetreide kommen und Ihr Speiseplan genügend Abwechslung aufweist, sind Sie wahrscheinlich mit lebensnotwendigen Vitaminen, Mineralstoffen und Spurenelementen ausreichend versorgt.

In Akutfällen bzw. bei Erkrankungen sieht das natürlich anders aus, hier sollten selbstverständlich vermehrt Vitamine, Spurenelemente und Mineralstoffe zugeführt werden. Machen Sie jedoch bitte nicht den Fehler und nehmen zu früh Nahrungsergänzungsmittel, bevor Sie sich mit ökologischen Nahrungsquellen und inhaltsreichen biologischen Lebensmitteln auseinander gesetzt haben. Setzen Sie sich diesbezüglich mit Ihrem Arzt in Verbindung, der Sie sicher gern beraten wird.

Tipp

Für den kleinen Energieschub zwischendurch eignen sich Obst, Trockenobst, Frucht- oder Reisschnitten. Durch den veränderten Stoffwechsel infolge der Belastung entsteht kein erhöhter Insulinspiegel.

Trennkost für Aktive

Vitamin C und E aus natürlichen Quellen zum Schutz vor freien Radikalen, denen wir vermehrt ausgesetzt sind, stärken unser Immunsystem, schützen vor Herzinfarkt und Schlaganfall und lassen uns langsamer altern.

Selen dient u.a. der Körperentgiftung, wirkt antidepressiv, macht uns geistig leistungsfähiger, schützt vor Herzinfarkt, Schlaganfall, Krebs und Entzündungen.

Trennkost im Urlaub

Wenn Sie Ihre Urlaubstage in einer Ferienwohnung oder einem Wohnmobil verbringen, bereitet es keine Probleme, die Ernährungsform nach den Trennkost-Richtlinien beizubehalten. Gerade in südlichen Ländern finden Sie eine große Auswahl an Gemüse und Obst, die Ihnen vielfältige Möglichkeiten bei der Zubereitung Ihrer Mahlzeiten bietet.

Eingeschränkt lässt sich dies auch von einem Urlaub in einem Hotel oder einer Pension sagen. Heutzutage finden Sie fast in jedem Hotel ein Frühstücksbüfett. Dort können Sie sich wie zu Hause nach Herzenslust Ihr Frühstück zusammenstellen. Wenn bei den Mahlzeiten die übliche Mischkost angeboten wird, dann bitten Sie einfach den Kellner freundlich, die Beilage wegzulassen und Ihnen dafür eine größere Portion Gemüse zu servieren. Wenn Sie zuvor noch etwas Rohkost oder einen Salat essen, werden Sie mit Sicherheit auch das genießen und davon satt. Der Nachtisch sollte aus frischen Früchten bestehen.

Buchen Sie Ihr Hotel möglichst nur mit Frühstück, dann können Sie sich an Ihrem Urlaubsort die Restaurants aussuchen, in denen Sie die für Sie richtigen Mahlzeiten serviert bekommen.

Mit Trennkost fit und aktiv im Alter

Auch und gerade im Alter können Sie durch eine naturgemäße, gesunde Ernährung Ihren Gesundheitszustand verbessern und positive Auswirkungen auf Körper, Geist und Seele erzielen. Wenn Sie die Regeln der Trennkost einhalten, diese jedoch individuell modifizieren, werden nach und nach Ihr Verdauungsapparat entlastet, Völlegefühl und Blähungen lassen nach oder verschwinden, Sie schlafen besser und fühlen sich rundum wohler.

Einige Regeln sollten Sie beachten:

- ▶ Alle Nahrungsmittel sollten qualitativ hochwertig sein, also frisch, naturbelassen und aus biologischem Anbau sein.
- ▶ Essen Sie kleinere Mengen, damit der Verdauungsvorgang nicht zu lange dauert.
- ▶ Oft werden mit zunehmendem Alter Rohkost und Vollkornprodukte nicht mehr so gut vertragen, da beides schwer verdaulich ist. Essen Sie deshalb mehr gedünstetes Gemüse und Roggen-Sauerteigbrot oder Fladen aus Dinkel, Buchweizen, Amarant oder Quinoa. Produkte aus Weißmehl sollten Sie nur wenig essen. Probieren Sie aus, was Ihnen am besten bekommt.
- ▶ Würzen Sie Ihre Speisen je nach Geschmack immer wieder einmal mit schwarzem Pfeffer und/oder Ingwer. Ihre Geschmacksnerven werden stimuliert und das Verdauungsfeuer angeregt (gemäß dem altindischen Ayurveda).
- ▶ Gehen Sie immer häufiger von kalten zu warmen Speisen über, weil dadurch die Verdauungskraft gestärkt wird.
- ▶ Ersetzen Sie kalte Getränke durch Kräuter- oder Früchtetee.
- ▶ Nehmen Sie die letzte Mahlzeit nicht später als ca. 18 Uhr ein.
- ▶ Und nicht vergessen: Langsam und genüsslich essen, gründlich kauen!

Heilkräutertee gegen Altersbeschwerden

Bei zunehmenden Jahren sind besonders wertvoll:
- Herz- und Kreislauf unterstützende Pflanzen wie Weißdorn, Rosmarin, Schafgarbe, Melisse, Mistel, Arnika, Brennnessel, Bitterpflanzen und Lauch (sofern bekömmlich).
- Blutreinigende und entschlackende Pflanzen wie Löwenzahn, Wacholder, Zinnkraut, Beifuß, Brennnessel.
- Bitterstoffhaltige Pflanzen wie Bitterklee, Benediktenkraut, Wermutkraut und Tausendgüldenkraut wirken tonisierend, appetit- und sekretionsanregend, verdauungsfördernd bei chronischer Magen-, Darm-, Leber-, Galle- und Bauchspeicheldrüsenschwäche.

All diese Heilkräuter erhalten Sie im Reformhaus oder in der Apotheke auch als Teemischung.

Streicheleinheiten für Geist und Seele

Nicht nur die Essensgewohnheiten und die Auswahl der Lebensmittel und der Getränke sollten uns am Herzen liegen. Auch die Eindrücke, die wir über unsere Sinnesorgane aufnehmen, beeinflussen uns. In unserer lauten, hektischen Welt finden wir nur in der Ruhe und Stille unsere Kraft. Wie wohltuend ist das Plätschern eines Baches, das Gezwitscher der Vögel, das Rauschen der Blätter im Wind.

Das bewusste Leben, das tägliche Danksagen für all das Gute, was wir erlebt haben und noch erleben können, hilft uns, gesund zu werden oder zu bleiben. Freuen Sie sich über die Sonnenstrahlen, das Lachen eines Kindes, die Schönheiten der Natur, die freundlichen Worte eines Mitmenschen.

Eine ausgewogene, gesunde Ernährungsweise wie die Trennkost in Verbindung mit einer positiven Lebenseinstellung fördern Ihre Vitalität, Gesundheit und persönliche Ausstrahlung.

Wann Sie was essen dürfen

Beispiel einer durchschnittlichen Tagesverpflegung

(nicht alles zusammen essen, sondern eine Auswahl davon)

Mahlzeit	Trennkostgruppe	Empfohlene Lebensmittel	
Frühstück	Basenbildner	★ Obst (zuerst das saure, dann das süße Obst) ★ Milch und Obst ★ Milch und gemahlener Leinsamen ★ Müsli ★ Vollkornbrot, Butter, Honig, Quark ★ Vollkornbrot, Doppelrahmkäse (über 60 % Fett i. Tr.) ★ Gurkenscheiben und Ähnliches	
Mittagessen	eiweißreich	zu Beginn Salat **wahlweise:** ★ Fleisch ★ Geflügel ★ Fisch ★ Käse (unter 55 % Fett i. Tr.) ★ Eier ★ Milch	**dazu wahlweise** ★ Obst- oder Gemüsesaft ★ Gemüsesuppe ★ Gemüse (besser roh als gekocht, falls bekömmlich) ★ Quarkspeisen mit saurem Obst
Abendessen	kohlenhydratreich	zu Beginn Salat **wahlweise** ★ Vollkornbrot ★ Vollkornnudeln ★ Vollkornreis ★ Kartoffeln	**dazu wahlweise** ★ Butter, Quark, Doppelrahmkäse ★ Käse (über 60 % Fett i. Tr.) ★ Gemüsesuppe oder (und) gekochtes Gemüse ★ Bananen, Feigen, Heidelbeeren ★ Nüsse ★ Honig ★ Rosinen

Wenn zwischendurch der Magen knurrt, dürfen Sie ruhig einen kleinen Snack zu sich nehmen. Zwischenmahlzeiten können vormittags aus Milch und Obst, nachmittags aus Gemüsesäften, Vollkornbrot, Butter und Honig (sparsam) bestehen.

Menüvorschläge für drei Tage

	1. Tag	**2. Tag**	**3. Tag**
Frühstück	Obstfrühstück	Quarkmüsli	2 Scheiben Vollkornbrot, Honig, Butter
Mittagessen	Salatteller Gebratene Seezunge mit Gemüse Himbeerjoghurt	Salatteller Sesam-Sellerie-Scheiben mit Kartoffel-Karottenpüree Vanillecreme	Salatteller Hähnchenbrust exotisch mit Brokkoli Obstsalat
Zwischenmahlzeit	Frischkornmüsli	1 Stück Käsetorte	1 Vollkorn-Rosinenbrötchen, Butter
Abendessen	Salatteller Vollkornreis mit Kräutersoße und Möhrengemüse, Buttermilch	Salatteller Vollkornbrot, Rinderschinken, roh, Rindersalami, roh, Schnittkäse 60 % Fett i. Tr., Tomate, Gurke, Butter	Salatteller Gemüsecremesuppe mit Vollkornbrot

Menüvorschläge für die vegetarische Küche

	Montag	**Dienstag**	**Mittwoch**
Frühstück	Quarkmüsli	2 Scheiben VK-Brot, Butter Heidelbeermarmelade	Obstfrühstück
Mittagessen	Salatteller Kartoffelauflauf mit verschiedenen Gemüsen Nussquark	Salatteller Kaiserschmarren	Salatteller Geb. Semmelscheibe auf Champignonrahmsoße und Mandelbrokkoli Banane
Zwischenmahlzeit	Frischkornmüsli	VK-Rosinenbrötchen, Butter	1 Stück Käsekuchen
Abendessen	VK-Reis mit Kräutersoße und Möhrengemüse Buttermilch	Salatteller VK-Brot, Schnittkäse 60 % Fett i. Tr., Obatzda Tomaten, Gurke	Salatteller Gemüsecremesuppe mit VK-Brot

Donnerstag	**Freitag**	**Samstag**	**Sonntag**
Quarkmüsli	Quarkmüsli	Obstfrühstück	Quarkmüsli 1 Scheibe VK-Brot, Butter Heidelbeermarmelade
Salatteller Gemüseteller mit fünf verschiedenen Gemüsen	Salatteller In Sesam panierte Selleriescheibe mit Kartoffel-Möhren-Püree Reis nach Trautmannsdorf	Salatteller Bunter Reis-Gemüse-eintopf	Salatteller Gemüse-Kartoffelrösti, überbacken
Himbeerjoghurt		Heidelbeerquark	Vanillecreme
Frischkornmüsli	Frischkornmüsli	1 Scheibe VK-Brot, Butter Heidelbeermarmelade	1 Stück Mandel-Bananen-Kuchen
Salatteller Kräuterkartoffeln mit Butter	Salatteller VK-Brötchen Gemüsesülze vegetarisch Camembert 60 % Fett i. Tr. Tomatenbutter, Gurke Schimmelkäsecreme	Salatteller VK-Nudel-Gemüse-Auflauf Kräutertee	Salatteller Getreide-Gemüse-Bratling mit Tomatensoße

So machen Sie's richtig

Wie bereits erwähnt, sollten Sie nur frische Produkte, möglichst aus biologischem Anbau und naturbelassen, verwenden. Wichtig ist dabei, dass Sie diese wertschonend und werterhaltend verarbeiten.

> **Gut zu wissen**
>
> Eine vermehrte Aufnahme Basen bildender Lebensmittel (siehe Tabelle Seite 24) führt zu einer Verbesserung des Säure-Basen-Haushaltes.

- ▶ Putzen und waschen Sie die Lebensmittel erst kurz vor der Verarbeitung, damit nicht schon vor der Zubereitung wertvolle Vitamine und Nährstoffe verloren gehen.
- ▶ Garen Sie die Lebensmittel nur so lange – am besten im Dampfkochtopf – wie es unbedingt notwendig ist. Kartoffeln in der Schale garen, erst dann pellen und ggf. weiterverarbeiten.
- ▶ Schaffen Sie sich eine Getreidemühle an, damit Sie die Getreide- und Ölsaaten immer frisch zur Verfügung haben.
- ▶ Vermeiden Sie gehärtete Fette und raffinierte Öle. Verwenden Sie stattdessen großzügig kaltgepresstes Oliven-, Lein- oder Rapsöl. Sie können zum Verfeinern von Speisen auch – sparsam – Butter verwenden; diese enthält einen hohen Anteil an ungesättigten Fettsäuren und ist sehr bekömmlich.
- ▶ Verwenden Sie nur Eier von freilaufenden Hühnern.
- ▶ Anstatt Milch nehmen Sie Sahne und verdünnen diese mit Wasser im Verhältnis 1 : 2.
- ▶ Seien Sie sparsam beim Salzen Ihrer Gerichte und verwenden Sie Vollmeersalz; dieses enthält im Vergleich zu Kochsalz mehr wertvolle Mineralstoffe.
- ▶ Getreide und Ölsaaten sollten Sie möglichst frisch schroten beziehungsweise mahlen, um dadurch Wertverluste zu vermeiden. Sie kennen das ja sicher: Wenn ein Apfel erst einmal angeschnitten ist, wird er durch den Luftsauerstoff schnell braun. Dies geschieht auch bei Getreide und Ölsaaten, die gemahlen oder geschrotet sind und nicht sofort verarbeitet werden. Nur können Sie es dort nicht sehen, da sich die Farbe zunächst nicht ändert. Dennoch wirkt der Sauerstoff wertvermindernd. Es lohnt sich also, eine Getreidemühle anzuschaffen, die der Haushaltsgröße angemessen ist.

So finden Sie Ihre optimale Ernährungsform

Wie viel darf's denn sein?

Mengenangaben lassen sich nicht verbindlich empfehlen, da jeder Organismus seinen eigenen Grundumsatz hat, der wiederum von verschiedenen individuellen Faktoren abhängig ist. Achten Sie selbst auf Ihren Körper: Er wird Ihnen rechtzeitig signalisieren, wann er satt ist, sofern Sie langsam essen und gründlich kauen. Stehen Sie jedoch nicht hungrig vom Tisch auf, sonst könnten Sie schon bald zum „Sündigen" verführt werden.

Trinken ist wichtig

Mindestens genauso wichtig wie die Auswahl der richtigen Speisen ist die ausreichende Flüssigkeitszufuhr und die Wahl geeigneter Getränke. Vergessen Sie auf keinen Fall, ausreichend zu trinken, mindestens 1,5 Liter Flüssigkeit pro Tag. Besonders zu empfehlen sind Quellwasser, wie es in Bio- oder Naturkostläden erhältlich ist. Aber auch gutes Leitungswasser, natriumarmes Mineralwasser, Kräuter- und Früchtetees sowie verdünnte Obstsäfte sind ideale Durstlöscher.

Die Flüssigkeit hilft Ihrem Körper beim Ausschwemmen und Entschlacken und sorgt für den reibungslosen Ablauf aller Stoffwechselprozesse.

Und immer wieder: Bewegung macht fit

Grundsätzlich ist jede angemessene körperliche Aktivität gesundheitlich von großem Nutzen, denn der ausgewogene Wechsel zwischen Anspannung und Entspannung wirkt wohltuend und dient in hohem Maße Ihrer Gesundheit. Schon Rudolf Steiner, der Begründer der Anthroposophie, sagte: „Rhythmus trägt Leben". Heutzutage ist bei uns das Gleichgewicht zumeist in Richtung Anspannung verschoben. Die ständige Reizüberflutung, dazu ein Übermaß an Koffein und Nikotin, tun das ihrige. Da wundert es nicht, wenn viele Menschen schlecht schlafen.

Kleine Lebensmittelkunde

Getreide – das Urnahrungsmittel

Bei allen Getreidearten besteht das Korn aus Mehlkörper, Keim und Schalen. Den eiweiß- und stärkehaltigen Mehlkörper im Innern und den Keim am stumpfen Ende des Korns umschließt die äußere Schale in mehreren Schichten. Sie besteht aus unverdaulicher Cellulose (Kleie).

In den Schichten lagern verschiedenste Mineralstoffe. Die zwischen Mehlkörper und Schale liegende Aleuronschicht enthält neben Vitaminen und Mineralstoffen vorwiegend Eiweiß. Der Mehlkörper mit seinem großen Stärkeanteil ist ein Energiereservoir für den Keimling. Er ist reich an Eiweiß, Fett, Mineralstoffen und vor allem an den Vitaminen B und E. Meist wird der wertvolle Keimling für die Mehlherstellung entfernt; nur im Vollkornmehl bleibt er erhalten.

Mehl ist nicht gleich Mehl

Die Mehltype bezeichnet den Ausmahlungsgrad, also wie viele Prozentanteile von dem Gewicht der Getreidekörner aus dem Mehlkörper und aus den Randschichten im Mehl enthalten sind. Hoch ausgemahlene Mehle enthalten relativ viel Kleie und sind an ihrer dunkleren Farbe erkennbar. Sehr weiße Mehle enthalten sehr wenig Kleie. Vollkornmehle enthalten alle Bestandteile der Getreidekörner.

Je höher der Ausmahlungsgrad, umso höher ist der Gehalt an Eiweiß, Fett, Mineralstoffen, Ballaststoffen und Vitaminen. Die Zahl der Mehltype gibt an, wie viel Milligramm Mineralstoffe (Asche) in 100 g Mehl enthalten sind.

Vollkornmehle sind eiweißreicher als Auszugsmehle, weil der Keimling mitvermahlen wurde. Sie sättigen aufgrund ihres erhöhten Ballaststoffgehaltes mehr als Auszugsmehle und haben weniger Kalorien.

Mehlprodukte werden aus Weizen, Roggen, Gerste, Hafer, Hirse, Mais und Reis hergestellt. Buchweizen ist streng botanisch betrachtet kein Getreide; er ist ein Knöterichgewächs, kann aber wie Getreide verwendet werden. Dinkel gehört zu Weizen und besitzt die gleichen Backeigenschaften.

Gute Alternativen zum Weizen sind die Andengetreide Amaranth und Quinoa sowie Kamut.

Info

Die wichtigsten Bestandteile des Mehles sind Stärke und Cellulose. Je höher der Stärkeanteil eines Getreideproduktes ist, umso niedriger ist sein Ballaststoffgehalt – und nicht umgekehrt.

Reis – das Nährstoffbömbchen

Reis wird in erster Linie nach der Form und Größe des Korns unterschieden: Langkornreis hat lange, schlanke Körper und besitzt einen trockenen, glasigen Kern. Er wird auch Patnareis genannt.

Rundkornreis ist kalkig-weiß, der Kern weich und klebrig. Das Kochwasser wird milchig, weil die Körner viel Stärke abgeben.

Parboiled Reis

Beim Schälen des Reiskornes gehen wertvolle Vitamine und Mineralstoffe verloren. Durch das Parboiled-Verfahren bleiben mindestens 80 % der Nährstoffe erhalten, vor allem Calcium, Natrium, Kalium, Mangan, Eisen, Kobalt, Zink und Phosphor. Diese sind wichtig für Wachstum, Zellerneuerung und Regulationsmechanismen im Körper. Besonders wertvoll sind die enthaltenen Vitamine des B-Komplexes, die für das Nervensystem und die Konzentrationsfähigkeit ganz wichtig sind.

Wenn es Ihnen bekommt, sollten Sie zumindest zwischendurch Vollkornreis oder Reis im Silberhäutchen in Ihren Menüplan einbauen.

Kleine Lebensmittelkunde

Kartoffel – die tolle Knolle

Der Eiweißanteil in der Kartoffel (2 %) ist sehr niedrig, er hat aber aufgrund seines Gehalts an essenziellen Aminosäuren hohe biologische Wertigkeit. Kartoffeln enthalten zudem jede Menge Mineralstoffe und Vitamine und fast kein Fett, aber

* besonders leicht verdauliche Kohlenhydrate
* verdauungsfördernde Ballaststoffe
* hochwertiges, pflanzliches Eiweiß
* Mineralstoffe wie Magnesium, Kalium und Eisen
* Vitamine, wie beispielsweise Vitamin B6 und sehr viel Vitamin C

Info

100 g Kartoffeln enthalten etwa 10–25 mg Vitamin C.

Zucker – der Überflüssige

Als reines und sehr rasch resorbierbares Kohlenhydrat ist Zucker zwar ein schneller Energiespender; ein erhöhter Zuckerkonsum ist aber zweifellos gesundheitsgefährdend. Er führt, verbunden mit mangelnder Zahnpflege, unausweichlich zu Karies und begünstigt zudem die Entstehung von Übergewicht, dem Grundübel sämtlicher Zivilisationskrankheiten.

Zuckergenuss lässt den Blutzucker hochschnellen, was Insulin aus der Bauchspeicheldrüse peitscht. Auf den hohen Blutzucker folgt eine Unterzuckerung, man bekommt Heißhunger – ein Teufelskreis!

Fette – die Guten ins Töpfchen

Fette sollten in einer ausgewogenen Ernährung im Umfang von 30 % des Gesamtenergiebedarfs aufgenommen werden. Dies entspricht je nach Körpergröße einem Verzehr von 60–80 g pro Tag.

Die Zusammensetzung der Nahrungsfette ist für die Gesundheit von großer Bedeutung. Gesättigte, einfach und mehrfach ungesättigte Fettsäuren sollten zu je einem Drittel an der Fettzufuhr beteiligt sein.

Natürliche Fette, wie sie in Pflanzen und auch in Tieren vorkommen, enthalten lebenswichtige Bestandteile, deren Fehlen im menschlichen Organismus Funktionsstörungen und Krankheiten hervorrufen kann. Solche Bestandteile sind die fettlöslichen Vitamine A, D, E und K, die ohne Fett vom Organismus kaum verwertet werden können, und essenzielle Fettsäuren, von denen die Linolsäure als wertvollste angesehen wird.

Die Verdaulichkeit der Fette ist unterschiedlich. Emulgierte Fette wie Butter und Margarine sowie flüssige Fette (Öle) sind leichter verdaulich als feste Fette (Plattenfette, Talg).

Butter oder Margarine?

Wegen ihres geringen Gehaltes an mehrfach ungesättigten Fettsäuren wird vielfach vom Verzehr der Butter abgeraten, ebenso wegen des Cholesteringehalts, der zu einer Erhöhung des Serumcholesterinspie-

Info

Die vielfach geäußerte Ansicht, brauner Rohrzucker sei gesünder, ist falsch! Er kann auch nicht eingeschränkt empfohlen werden, weil er mitunter Schmutzstoffe oder sogar Saponine enthält, die im Blut zum Abbau von roten Blutkörperchen führen können. Er ist aber in der Regel weniger raffiniert als weißer Zucker.

gels führen kann. Dies trifft jedoch nur dann zu, wenn eine Fettstoffwechselstörung vorliegt. 20 g Butter enthalten lediglich 48 mg Cholesterin (ein Eidotter aber 340 mg). Einer Erhöhung der Blutfettwerte (Cholesterin) beugt man wirksamer mit körperlicher Bewegung, dem Einsatz kaltgepresster Pflanzenöle und Ballaststoffen in Vollkornprodukten vor.

Pflanzliche Öle

Hochwertige Öle mit ihren natürlichen, wertvollen Inhaltsstoffen sind stets kaltgepresst. Sie werden nicht raffiniert, sodass alle Inhaltsstoffe erhalten bleiben. Raffinierte Öle sind zwar preiswerter, aber minderwertig, da bei der Herstellung die wertvollen gesundheitsfördernden Inhaltsstoffe verloren gehen.

Tierische Öle

Zu den tierischen Fetten gehören auch die Fischöle. Zwischenzeitlich gewinnen bestimmte Fischöle, wie beispielsweise das Lachsöl, eine zunehmende Bedeutung. Man hat nämlich festgestellt, dass Völker, die sich vorwiegend von Kaltwasserfischen ernähren, bis ins hohe Alter über ein intaktes Herz-Kreislauf-System verfügen. Der entscheidende Faktor ist der hohe Gehalt an bestimmten ungesättigten Fettsäuren – den Omega-3-Fettsäuren –, die erwiesenermaßen dem Prozess der Arteriosklerose entgegensteuern und sogar bestehende Ablagerungen abzubauen vermögen.

Gutes Fett – schlechtes Fett

* Fett ist eine wichtige Energiequelle für unseren Körper. Nahrungsfett sättigt schneller und anhaltender als Kohlenhydrate und Protein. So hilft es, Körperfett zu verlieren.
* Es gibt gesättigte, einfach und mehrfach ungesättigte Fettsäuren. Decken Sie den Hauptteil Ihrer täglichen Fettzufuhr mit einfach ungesättigten Fettsäuren ab, wie beispielsweise kaltgepresstem Olivenöl und/oder Rapsöl.
* Verwenden Sie zudem Fette, die reich an mehrfach ungesättigten, insbesondere an Omega-3-Fettsäuren sind. Dazu zählen Lein-, Raps-, Oliven- und Walnussöl.
* Viele Menschen haben heute ein Defizit an Omega-3-Fetten. Diese finden sich in Wild- und Kaltwasserfischen wie Lachs und Hering. Je fetter ein Fisch ist, desto besser ist er für Herz und Hirn (Gedächtnis). Essen Sie vorzugsweise als Proteinmahlzeit Fisch (besser als Fleisch).
* Omega-3-Fette sind auch in Walnüssen, Grün- und Blattgemüse, vor allem in Portulak enthalten.
* 1–2 Teelöffel Leinöl, das den höchsten Omega-3-Gehalt besitzt, decken den Tagesbedarf.
* Fette wie Weizenkeim-, Sonnenblumen-, Maiskeim- und Distelöl beinhalten fast nur Omega-6-Fettsäuren. Sie verschieben das Omega-6- zu Omega-3-Verhältnis nachteilig.
* Bevorzugen Sie fettarme Fleischstücke oder entfernen Sie sichtbare Fettanteile. Fleisch enthält durch die moderne Tierfütterung einseitig viel Omega-6-Fettsäuren.
* Meiden Sie alle gehärteten, also industriell bearbeiteten Fette.
* Nicht nur das Cholesterin in der Nahrung, sondern schlechte Fette spielen eine Rolle bei schlechten Cholesterinwerten im Blut.
* Fette – richtig verwendet – verbessern die Geschmacksqualität und fördern einen harmonischen Verdauungsablauf. Wohlgeschmack ist ein psychologisch wertvoller Faktor, der die Produktion der Glückshormone steigert und unser Immunsystem stimuliert.

Die Milch macht's

Milch enthält wie das Ei und das Getreidekorn viele Nähr- und Wirkstoffe, die wir zum Leben brauchen. Milcheiweiß ist besonders hochwertig und Milchfett sehr bekömmlich, weil es schon bei Körpertemperatur schmilzt und daher leicht verdaulich ist. Milchfett ist Träger der fettlöslichen Vitamine A, D, E und K. Es enthält ferner Lecithin, ein wichtiger Aufbaustoff für Nerven und Gehirn.

Kohlenhydrate sind als Milchzucker in der Milch enthalten, der in reiner Form sehr wenig Süßkraft hat. Milchzucker, der nicht zu Milchsäure vergoren wird, wird zu Traubenzucker umgewandelt und als Energiespender genutzt.

Mineralstoffe und Vitamine runden das Bild des vollwertigen Lebensmittels ab.

Milch ist kein Getränk und kein Durstlöscher, sondern ein Lebensmittel. Sie wird schluckweise am besten verdaut.

Info

Alle Sauermilchprodukte sind bekömmlicher als ungesäuerte Milch und wirken generell verdauungsfördernd, da sie quasi zum Teil vorverdaut sind.

Milchprodukte

Zu den Milcherzeugnissen gehören auch Sauermilchprodukte, Magermilch, Molke, Buttermilch, Sahne, Kondensmilch und Trockenmilch.

Sauermilchprodukte entstehen durch die Gerinnung der Milch. Zugesetzte Milchsäurebakterien wandeln den Milchzucker in Milchsäure um, die das Milcheiweiß (Casein) gerinnen lässt.

Joghurt und Dickmilch werden aus pasteurisierter Milch unter Zusatz bestimmter Bakterienkulturen hergestellt. Bioghurt ist eine Weiterentwicklung des Joghurts.

Buttermilch entsteht als Rückstand bei der Verbutterung von Rahm; es werden keine zusätzlichen Säurekulturen verwendet. Buttermilch enthält hochwertiges Milcheiweiß und reichlich Calcium. Sie ist leicht verdaulich und fördert die Verdauungsvorgänge. Milch ist bezüglich der glykämischen Last (1) und des Fettgehalts positiv zu bewerten.

Sahne wird durch Zentrifugieren von Milch gewonnen. Schlagsahne enthält 10–30 % Fett. Durch Säuerung von Rahm mit Milchsäurebakterien entsteht saure Sahne.

Kondensmilch ist eingedickte, homogenisierte und durch Sterilisieren haltbar gemachte Milch. Sie wird gezuckert und ungezuckert hergestellt und ist über ein Jahr haltbar.

Käse ist ein Milchprodukt, das durch Säuerung und Zusatz von Labenzym aus Milch hergestellt wird. Man verwendet Kuh-, Schaf- oder Ziegenmilch dazu. Käse ist reich an der essenziellen Aminosäure Lysin sowie an Vitamin B_2 und Calcium, er enthält jedoch wenig Vitamin B_1 und Eisen.

Fleischlos glücklich?

Fleisch enthält Eiweiß mit einer hohen biologischen Wertigkeit und Lipide (Fettstoffe), Mineralstoffe wie Eisen und Zink sowie besonders Vitamine der B-Gruppe. Darüber hinaus ist es eine Energiequelle. Die Qualität des Fleisches ist von der Pflege, Haltung und Fütterung der Tiere abhängig, deshalb ist Fleisch aus artgerechter Tierhaltung auf jeden Fall zu bevorzugen.

Fleischerzeugnisse sind in der Regel reich an versteckten Fetten. Wurst besteht häufig zur Hälfte oder mehr aus Fett und enthält auch sehr viel Salz. Oft ist sie gepökelt, sie wurde mit Kochsalz behandelt, dem gleichzeitig Nitrit zugesetzt wurde, um eine hitzebeständige, rote Farbe zu erhalten. Wurst enthält viele gesättigte, ungesunde Fette, die zu Entzündungen führen bzw. diese unterhalten können.

Info

Wenn Sie auf Wurstwaren nicht verzichten wollen, sollten Sie mageren Schinken bevorzugen, aber insgesamt nur kleine Mengen davon verzehren.

Kleine Lebensmittelkunde

Fischers Fritz fischt frische Fische

Fisch ist ein äußerst wertvolles Nahrungsmittel mit einem idealen Gehalt an notwendigem Eiweiß, essenziellen Fettsäuren, Mineralstoffen, Spurenelementen und Vitaminen. Er ist ein bedeutender Eiweißlieferant, reich an essenziellen Fettsäuren, Vitamin A und D sowie an Omega-3-Fettsäuren. Neben dem Spurenelement Jod liefert er die wichtigen Mineralstoffe wie Kalium, Eisen und Phosphor.

Nutzen Sie die Vielfalt: Neben Lachs enthalten auch Makrele, Regenbogenforelle, Thunfisch, Weißfisch (frisch, nicht geräuchert) sowie eingelegter Atlantik-Hering Omega-3-Fettsäuren.

Info
Zwei Seefischmahlzeiten reichen aus, um einem Jodmangel sowie beispielsweise Kropferkrankungen (Vergrößerung der Schilddrüse) vorzubeugen.

Energie aus dem Garten

Obst und Gemüse enthalten viele Vitamine, insbesondere Vitamin C und Carotin, zudem wichtige Mineralstoffe wie Eisen, Phosphor, Kalium, Magnesium und Calcium. Daneben finden wir im Allgemeinen einen hohen Gehalt an Ballaststoffen und zahlreiche verschiedene Geschmacksstoffe. Auch bestimmte Aminosäuren und Carotinoide sind an der Geschmacksbildung beteiligt. Einige Gemüse- und Obstsorten enthalten zudem ausgeprägte Bitterstoffe, die sich verdauungsfördernd auswirken. Fast immer bestehen Obst und Gemüse zu mehr als 70 % ihres Eigengewichts aus Wasser und sind daher meistens energiearm.

Kleine Lebensmittelkunde

Die Bedeutung von Gemüse und Obst liegt im hohen Vitamin- und Mineralstoffgehalt, an den Ballaststoffen sowie den gesundheitsspendenden bioaktiven Substanzen. Diese beugen Krebs, Herzinfarkt und Schlaganfällen vor und stärken das Immunsystem. Obst und Gemüse haben meist einen günstigen glykämischen Index.

Info

Nüsse sind die Ausnahme: Sie sind energiereich, ihr Fettgehalt liegt bei 60 % und ihr Eiweißgehalt bei 13–20 %; der Wassergehalt beträgt lediglich 5–6 %. Jedoch: Nüsse sind für die Gesundheit positiv.

Tipps für die Zubereitung bei Trennkost

Salate zu Eiweißmahlzeiten richten Sie mit Öl, Sahne, Dickmilch, Joghurt, Kräutern und Zitrone an. Bei Kohlenhydratmahlzeiten verzichten Sie auf die Zitrone und nehmen dafür eventuell Buttermilch.

Dünsten Sie Gemüse, am besten im Dampfkochtopf; so bleiben alle lebenswichtigen Vitamine, Mineralien und Spurenelemente weitestmöglich erhalten. Blumenkohl und Spargel darf man kochen. Verwenden Sie die Brühe als Basis für Soße oder Suppe.

Tomaten und Spinat sollten bei Kohlenhydratmahlzeiten nur roh verwendet werden, bei Eiweißmahlzeiten jedoch gekocht oder gedünstet.

Tipps für die Zubereitung bei Trennkost

Im nachfolgenden Rezeptteil wurden die einzelnen Gerichte mit folgenden Symbolen gekennzeichnet:

 = Kohlehydratgerichte

 = Eiweißgerichte

 = neutrale Gerichte

Rezepte

Frühstücksideen

1 Portion

- 30–40 g frisch geschrotetes oder geflocktes Getreide (Weizen, Dinkel, Hafer)
- 1–3 Feigen oder Datteln
- 5 g Sultaninen
- 30–50 g geschlagene Sahne
- 60 g Bananen oder Heidelbeeren

Frischkornmüsli

Getreide und Früchte getrennt in Wasser ca. 5–10 Stunden einweichen. Danach alles mit der Sahne und den Bananen oder Heidelbeeren vermischen.

1 Portion

- 1 EL Sahnequark
- 1 TL Weizenkeime
- 1 TL Weizenkleie
- 1 TL Leinsamen, frisch gemahlen
- 1 Apfel, gerieben

Quarkmüsli

Alle Zutaten miteinander vermischen.

Info

Weizenkleie und Leinsamen sollten möglichst aus biologisch-kontrolliertem Anbau stammen. Sie könnten sonst schwermetall- und auch pestizidbelastet sein.

Kräuterfrischkornmüsli K

Quark mit Sonnenblumenöl und saurer Sahne glattrühren. Die gehackten Kräuter dazugeben und mit Kräutersalz abschmecken. Zum Schluss die Weizenkeime unterheben.

1 Portion

- 100 g Quark (20 %)
- 1 TL Sonnenblumenöl
- 4 EL saure Sahne
- etwas Kräutersalz
- frische Kräuter (Petersilie, Estragon, Kerbel)
- Weizenkeime, gut abgespült und abgetropft

Müsli nach Dr. Budwig

Leinsamen mit 4 EL Buttermilch und dem Obst mischen. Quark, 2 EL Buttermilch, Honig und Leinöl mixen und über die Masse geben; mit Hasel- oder Walnüssen bestreuen.

Dieses Müsli ist besonders eiweißhaltig und an fleisch- bzw. fischlosen Tagen zu empfehlen. Nehmen Sie zu Leinsamen immer reichlich Flüssigkeit zu sich, damit die Ballaststoffe aufquellen und so die Darmtätigkeit anregen können.

Leinöl sollte kaltgepresst und aus biologischem Anbau sein.

1 Portion

- 2 EL Leinsamen, gemahlen
- 4 EL Buttermilch
- etwas klein geschnittenes Obst
- 100 g Quark
- 2 EL Buttermilch
- 1 EL Honig, kalt geschleudert
- 2 EL geschlagenes Leinöl
- einige Hasel- oder Walnüsse

Keimen von Getreide

2 EL Weizenkörner (ergeben 3 EL Keime) bester Qualität, keimfähig und unbehandelt – waschen. In einer Schüssel mit der doppelten bis dreifachen Menge kalten Wassers etwa 10 Stunden quellen lassen. Einweichwasser abgießen und die nicht gequollenen Körner auslesen. Im Sieb die Körner gründlich mit handwarmem Wasser spülen. Körner auflockern, Sieb auf eine flache Schüssel stellen, damit das Restwasser ablaufen kann. Eventuell mit einem durchlässigen Tuch oder Gaze abdecken.

Die Körner in Zimmertemperatur (18–20 Grad) ohne direkte Sonneneinstrahlung keimen lassen. 2- bis 3-mal täglich gründlich überbrausen und auflockern. Nach etwa 2 Tagen, wenn die Keime 2–3 mm gewachsen sind, Keimlinge gründlich abspülen und verwenden.

Zum Keimen von Getreide und Samenkörnern empfiehlt sich die Anschaffung eines kleinen Keimapparates. Meist hat dieser drei Aufsätze, für die größeren Körner (Getreide) den unteren Aufsatz und für Samen (wie Senf, Bockshornklee) die oberen Aufsätze.

Getreidekeime können Sie für Suppen oder Salate verwenden oder zu Füllungen von Gemüse und Fleisch mischen. Samenkeimlinge eignen sich sehr gut für Salate und zum Garnieren. Keime von Senfkörnern sollten Sie sparsam verwenden, damit die Speisen nicht zu scharf werden.

Sprossen bzw. Keimlinge enthalten hochkonzentriert wertvolle Inhaltsstoffe als Basis für das spätere Pflanzenwachstum. Dies kommt unserer Gesundheit zugute. Verwenden Sie nur Saatgut aus dem Lebensmittelhandel, denn Samen aus dem Gärtnereibedarf können mit giftigen Beizmitteln vorbehandelt sein.

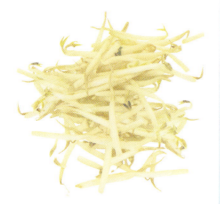

Frühstücksideen

Pfirsichkefir

Die Pfirsiche waschen, halbieren, entsteinen und klein schneiden. Im Mixer pürieren. Den Kefir nach und nach dazugeben und gut vermischen.

1 Portion

- 1–2 süße, reife Pfirsiche
- 250 g gekühlter Kefir

Tipp

Sie können Kefir auch mit anderen Obstsorten zubereiten. Achten Sie dabei auf den Glyx bzw. die glykämische Last des Obstes.

Dinkelvollkornkekse

Alle Zutaten für den Teig rasch miteinander verkneten. Sollte er nicht geschmeidig genug sein, etwas Wasser drunterkneten. Den Teig zu einer Kugel formen und zugedeckt im Kühlschrank noch etwa $1/2$ Stunde ruhen lassen.

Den Backofen auf 180 °C vorheizen. Den Teig auf einer leicht bemehlten Arbeitsfläche dünn ausrollen und daraus Kreise, Sterne, Herzen und Ähnliches ausstechen.

Ein Backblech einfetten und die Plätzchen auflegen. Mit verquirltem Eiweiß bestreichen. Dann mit Sesam oder Anis bestreuen.

Die Plätzchen im Backofen auf der mittleren Schiene etwa 10 Minuten backen.

ca. 30 Stück
30 Minuten

- 300 g Dinkelvollkornmehl
- 100 g Buchweizenmehl
- 120 g Reformmargarine
- 150 g Honig
- 100 g Kokosflocken
- 100 g Haselnüsse, fein gehackt
- 3 EL Schmand
- etwas Zimtpulver
- etwas Anispulver
- 1 Prise Vollmeersalz
- abgeriebene Schale einer unbehandelten Zitrone
- 1 EL Butter für das Blech
- 1 Eigelb zum Bestreichen
- Sesam und Anis (ganz) zum Bestreuen

**1 Portion
ca. 20 Minuten**

- 2 kleine Eier
- etwas Vollmeersalz
- Gewürz- oder Kräutersalz
- $1/2$ Bund Schnittlauch
- 50 g würziger Schnittkäse
- 1 EL Butter
- 2 kleine Tomaten

Käseomelett mit Tomaten

Die Eier verquirlen und mit wenig Vollsalz und Gewürz- oder Kräutersalz würzen. Den Schnittlauch waschen, trocken tupfen und in feine Röllchen schneiden. Den Käse in kleine Würfel schneiden. Ihn zusammen mit der Hälfte des Schnittlauchs unter die Eier ziehen.

Dann $1/2$ EL Butter in einer beschichteten Pfanne erhitzen und darin aus den Eiern bei schwacher Hitze ein Omelett backen. Anschließend aus der Pfanne nehmen und warm stellen. Die Tomaten waschen, putzen und in Scheiben schneiden. Den restlichen $1/2$ EL Butter in der Pfanne erhitzen und die Tomatenscheiben kurz anbraten. Die Tomaten auf einen Teller geben und das Omelett darüberlegen. Mit dem restlichen Schnittlauch bestreuen und servieren.

**1 Portion
ca. 10 Minuten**

- 50 g Rettich
- 100 g Magerquark
- etwas Vollmeersalz
- 1 EL gemischte Kräuter, gehackt (wie Petersilie, Schnittlauch, Dill)

Rettichquark

Den Rettich schälen und fein reiben. Dann den Rettich mit dem Quark gut mischen und mit Salz und den Kräutern abschmecken.

Frühstücksideen

Feinschmeckerfrühstück

Den Apfel und die Birne waschen und grob reiben. Die Erdbeeren waschen, verlesen und klein schneiden. Den Leinsamen fein mahlen. Das Obst zusammen mit dem Honig, dem Quark, dem Leinsamen und dem Mandelmus im Mixer oder mit dem Schneidstab fein pürieren.

**1 Portion
ca. 15 Minuten**

- 1 großer Apfel
- 1 Birne
- 6 Erdbeeren
- 2 EL Leinsamen
- 1 TL Honig
- 2 EL Speisequark
- 1 TL Mandelmus
- (aus dem Reformhaus)

Hüttenkäse mit Obst

Die Früchte waschen, putzen, gegebenenfalls schälen und in kleine Stücke schneiden.

Das klein geschnittene Obst vorsichtig mit dem Hüttenkäse mischen.

**1 Portion
ca. 10 Minuten**

- 150 g Früchte der Saison, z.B. Erdbeeren, Äpfel, Birnen, Himbeeren, Pfirsiche (keine Bananen oder Feigen)
- 100 g Hüttenkäse

Brotaufstriche

4 Portionen
ca. 15 Minuten

- 150 g Butter
- 2 cl Tomatensaft
- ½ TL Kräutersalz
- ½ TL Paprika
- 1 EL verschiedene frische Kräuter, gehackt

Kräuterbutter

Den Tomatensaft mit dem Schneebesen unter die weiche Butter schlagen. Mit Salz, Paprika und den Kräutern würzen und nochmals gut verrühren. Mit dem Spritzbeutel Rosetten auf einen Teller spritzen und zum weiteren Verbrauch kühl stellen.

4 Portionen
ca. 10 Minuten

- 150 g Butter
- 4 Eigelb, gekocht
- frische Kräuter, gehackt
- ½ TL Kräutersalz
- etwas Streuwürze

Eibutter

Eigelb zerdrücken und mit den restlichen Zutaten gut verrühren. Mit dem Spritzbeutel Rosetten spritzen und zum weiteren Verbrauch kühl stellen.

4 Portionen
ca. 10 Minuten

- 100 g Schafskäse, 60 % Fett i. Tr.
- 100 g Butter
- frische Kräuter, gehackt
- 1 Knoblauchzehe, zerdrückt

Schafskäseaufstrich

Den Schafskäse fein zerreiben und mit den anderen Zutaten gut verrühren. Mit dem Spritzbeutel Rosetten spritzen und zum weiteren Verbrauch kühl stellen.

Brotaufstriche

Tomatenbutter

Tomate mit Zwiebel und Knoblauch pürieren. Das Tomatenmark und die Butter sowie etwas Kräutersalz und den Liebstöckel hinzufügen. Alles gut verrühren und kühl stellen.

**4 Portionen
ca. 15 Minuten**

- 1 große Tomate, geschält
- ½ Zwiebel, gewürfelt
- 1 Knoblauchzehe, zerdrückt
- 1 TL Tomatenmark
- 200 g Butter
- ½ TL Kräutersalz
- ½ TL Liebstöckel

Liptauer Käse

Die Butter und den Quark cremig rühren, dann die restlichen Zutaten hinzugeben und gut verrühren.

**4 Portionen
ca. 15 Minuten**

- 150 g Butter
- 250 g Quark
- 1 Zwiebel, gewürfelt
- 1 EL Kapern
- Kümmel (je nach Geschmack)
- ½ TL Kräutersalz
- ½ TL Paprika

Avocadoaufstrich

Die Avocado schälen, den Kern entfernen und die Avocado in Stücke schneiden, dann pürieren. Die restlichen Zutaten unterrühren und zum weiteren Verzehr kühl stellen.

**4 Portionen
ca. 15 Minuten**

- 1 Avocado
- 1 Zwiebel, gewürfelt
- 100 g Frischkäse
- ½ TL Kräutersalz
- einige Basilikumblätter, fein gehackt

Brotaufstriche

**4 Portionen
ca. 10 Minuten**

- 250 g reifen Camembert
- 75 g weiche Butter
- 1 kleine Zwiebel, fein gehackt
- 2 EL Bier
- 1 TL Paprika
- 1 Eigelb
- Kräutersalz
- Streuwürze

Obatzda

Den Camembert mit einer Gabel zerdrücken und mit den restlichen Zutaten gut verrühren.

**4 Portionen
ca. 20 Minuten**

- 100 g Hafer
- 100 g Haselnüsse, fein gemahlen
- 50 g Butter
- 50 ml Wasser
- 100 g Honig
- 1 EL Carobpulver
- 1 Prise Vanillepulver

Feinschmecker-Brotaufstrich

Den Hafer in einer beschichteten Pfanne rösten und anschließend fein mahlen. Die Butter mit dem Wasser und dem Honig schaumig rühren. Dann die restlichen Zutaten zugeben und gut verrühren.

Tipp

Der Aufstrich kann in Schraubgläsern im Kühlschrank bis zu 14 Tage aufbewahrt werden.

Suppen

Gemüse-Grundbrühe

Das gewaschene, geschälte und klein geschnittene Gemüse mit der Zwiebel und der Petersilie in kaltem Wasser aufsetzen und langsam zum Kochen bringen. Etwa 30 Minuten köcheln lassen und dann abpassieren. Bis zum weiteren Gebrauch kühl stellen.

**4 Portionen
ca. 45 Minuten**

- 100 g Karotten
- 100 g Sellerie
- 100 g Kohlrabi
- 100 g Lauch
- 100 g Weißkohl
- 1 kleine Zwiebel
- 50 g Petersilie
- 1,5 l Wasser

Gemüsecremesuppe

Das Gemüse waschen, putzen und klein schneiden. In der zerlassenen Butter das Gemüse und die klein geschnittene Zwiebel anschwitzen und mit Gemüsebrühe und Sahne auffüllen. Mit den Gewürzen abschmecken und etwa 25 Minuten köcheln lassen. Dann das Ganze im Mixer oder mit dem Mixstab pürieren und nochmals abschmecken. Mit der klein geschnittenen Petersilie garnieren.

**4 Portionen
ca. 25 Minuten**

- 100 g Möhren
- 100 g Sellerie
- 100 g Blumenkohl
- 100 g Brokkoli
- 100 g Erbsen
- 1 kleine Zwiebel
- 20 g Butter
- 500 ml Gemüsebrühe (Grundrezept)
- 250 ml Sahne
- Kräutersalz, Muskat, Streuwürze
- Petersilie

Suppen

4 Portionen
ca. 1 Stunde

- 1 Bund Brunnenkresse
- 2 Stangen Lauch
- 5 mittelgroße Kartoffeln
- 1 ½ EL Butter
- 1 l Gemüsebrühe (Grundrezept)
- 2 Scheiben Vollkorntoastbrot
- 130 g Schmand (saure Sahne extra)

Kressesuppe mit Croûtons

Die Brunnenkresse waschen und trocken tupfen. Blätter und Stiele getrennt hacken. Den Lauch putzen, waschen und dann den weißen Teil in Ringe schneiden (das Grün nicht verwenden). Die Kartoffeln schälen und klein würfeln.

1 EL der Butter in einem Topf erhitzen und die Kressestängel sowie die Lauchringe darin andünsten. Die Kartoffeln mit in den Topf geben, die Brühe hinzugießen und alles zugedeckt etwa 30 Minuten köcheln lassen.

Inzwischen die Toastbrotscheiben in kleine Würfel schneiden und in einer beschichteten Pfanne in einem halben EL der Butter goldgelb rösten.

Die Suppe mit dem Mixstab pürieren, dann mit dem Kräutersalz abschmecken. Die Kresseblätter und den Schmand in die noch heiße, aber nicht mehr kochende Suppe einrühren.

Die Suppe auf Suppenteller oder in Suppentassen verteilen und mit den heißen Croûtons bestreut servieren.

Kalte Gurkensuppe mit Knoblauch

4 Portionen
ca. 30 Minuten

Die Knoblauchzehen schälen und zusammen mit wenig Vollmeersalz im Mörser zerdrücken. Die Frühlingszwiebeln putzen, waschen und sehr fein würfeln und dann unter die Knoblauchpaste mischen.

Milch, Joghurt und Weißwein mit einem Schneebesen in einer Schale verquirlen. Dann die Knoblauch-Zwiebel-Paste unterrühren.

Die Gurke waschen, putzen. Einige dünne Scheiben davon abschneiden und zum Garnieren beiseite legen. Die restliche Gurke mittelfein reiben und in die Suppe geben. Die Suppe mit Zitronensaft, Kräutersalz und eventuell Ahornsirup pikant abschmecken. Auf 4 Schälchen oder Suppenteller verteilen, mit den beiseite gelegten Gurkenscheiben garnieren und mit Dill bestreuen.

- 5 Knoblauchzehen
- etwas Vollmeersalz
- 5 Frühlingszwiebeln
- ½ l Vollmilch
- 250 g Vollmilchjoghurt
- 1 Schuss trockener Weißwein
- 500 g Salatgurke
- Saft von ½ Zitrone
- etwas Kräutersalz
- 1 TL Ahornsirup (nach Wunsch)
- 2 EL gehackter Dill

Pilzsuppe

4 Portionen
ca. 45 Minuten

Die Champignons putzen, kurz waschen und in kleine Stücke schneiden. Die Zwiebeln putzen, waschen und fein hacken. Dann 1 EL der Butter in einem Topf erhitzen und die Zwiebeln darin glasig dünsten. Die Pilze dazugeben und mitbraten, bis alle Pilzflüssigkeit verdampft ist. Das Mehl darüberstreuen und nur leicht anschwitzen lassen. Die Gemüsebrühe angießen, einmal umrühren und die Suppe 5–7 Minuten zugedeckt köcheln lassen.

Die Suppe mit Salz, Muskat und Zitronensaft abschmecken. Den Kerbel und die Pimpernelleblättchen waschen, trocken tupfen und fein hacken. Die Suppe auf vier Teller verteilen und mit den gehackten Kräutern bestreuen.

- 300 g Champignons
- 3 Frühlingszwiebeln
- 2 EL Butter
- 1 EL Dinkelvollkornmehl
- 1 l Gemüsebrühe (Grundrezept)
- etwas Vollmeersalz
- etwas geriebene Muskatnuss
- 2 Spritzer Zitronensaft
- 110 g Sahne
- 1 Bund Kerbel
- einige Blättchen Pimpernelle

Suppen

Gemüsesuppe mit rohen Kartoffeln

**4 Portionen
ca. 35 Minuten**

- 100 g Karotten
- 100 g Sellerie
- 100 g Kohlrabi
- 100 g Weißkohl
- 100 g Lauch
- 1 mittelgroße Zwiebel
- 50 g Speck (nach Geschmack)
- 2 EL Öl
- Kräutersalz, Majoran, Muskat
- 300 g Kartoffeln
- 50 g Petersilie

Gemüse waschen, schälen und in Würfel schneiden. Die Zwiebel und den Speck klein schneiden und mit dem Gemüse in etwas Öl anschwitzen. Mit Wasser auffüllen, mit den Gewürzen abschmecken und langsam kochen, bis das Gemüse weich wird. Danach die rohen, geriebenen Kartoffeln zugeben und nachwürzen, jedoch nicht mehr kochen lassen. Die Suppe mit gehackter Petersilie garnieren und servieren.

Bohnensuppe

**4 Portionen
ca. 40 Minuten**

- 500 g grüne Bohnen
- 150 g Karotten
- 150 g Sellerie
- 100 g Lauch
- 1 kleine Zwiebel
- 50 g Speck (nach Geschmack)
- 2 EL Öl
- Gemüsebrühe
- 200 g Kartoffeln
- Kräutersalz, Muskat, Bohnenkraut

Das Gemüse waschen, putzen und klein schneiden. Die Zwiebel, den Speck und das Gemüse in etwas Öl anschwitzen und mit Gemüsebrühe auffüllen. Kartoffeln schälen, klein schneiden und ebenfalls dazugeben. Würzen und das Ganze kochen, bis das Gemüse weich ist.

Lauchcremesuppe

Lauch putzen, klein schneiden und waschen. In der zerlassenen Butter den Lauch und die klein geschnittene Zwiebel anschwitzen. Mit der Gemüsebrühe auffüllen und würzen, danach etwa 10 Minuten köcheln lassen. Mit der Sahne verfeinern und anrichten.

**4 Portionen
ca. 20 Minuten**

- 700 g Lauch
- 20 g Butter
- 1 kleine Zwiebel
- 1 l Gemüsebrühe (Grundrezept)
- Kräutersalz, Muskat, Streuwürze
- 250 ml Sahne

Zwiebelsuppe

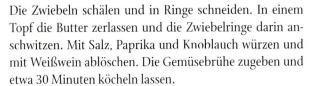

Die Zwiebeln schälen und in Ringe schneiden. In einem Topf die Butter zerlassen und die Zwiebelringe darin anschwitzen. Mit Salz, Paprika und Knoblauch würzen und mit Weißwein ablöschen. Die Gemüsebrühe zugeben und etwa 30 Minuten köcheln lassen.

Je nach Geschmack kann die Suppe mit geriebenem Käse überbacken werden.

**4 Portionen
ca. 40 Minuten**

- 750 g Zwiebeln
- 40 g Butter
- 2 l Gemüsebrühe (Grundrezept)
- 1/4 l trockener Weißwein
- Kräutersalz, Paprika, Knoblauch

Blumenkohlcremesuppe mit Frischkäse

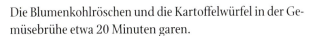

Die Blumenkohlröschen und die Kartoffelwürfel in der Gemüsebrühe etwa 20 Minuten garen.

Einige Blumenkohlröschen auf die Seite legen als spätere Einlage. Den Rest mit dem Mixstab pürieren und mit den Gewürzen abschmecken. Dann den Frischkäse und die Petersilie dazugeben und alles gut verrühren. Die zur Seite gelegten Blumenkohlröschen hineingeben und servieren.

**4 Portionen
ca. 30 Minuten**

- 600 g Blumenkohlröschen
- 200 g Kartoffeln, fein gewürfelt
- 1 l Gemüsebrühe (Grundrezept)
- Kräutersalz, Muskat
- 100 g Frischkäse
- Petersilie, gehackt

Suppen

**4 Portionen
ca. 40 Minuten**

- 3 Frühlingszwiebeln
- 500 g Karotten
- 1 EL Butter
- 350 ml Fischfond
- 100 ml Weißwein, trocken
- 5 EL Mascarpone
- 150 g geschälte Krabben
- 2 Bund Dill
- etwas Vollmeersalz
- etwas Kräutersalz
- 1 Msp. Cayennepfeffer
- etwas Zitronensaft

Karottensuppe mit Krabben

Die Zwiebeln klein würfeln, Karotten schälen und in dünne Scheibchen schneiden. Die Butter in einem Topf erhitzen und darin die Zwiebeln und Karotten glasig andünsten. Den Fischfond angießen und alles zugedeckt bei mittlerer Hitze etwa 15 Minuten köcheln lassen. Danach das Gemüse in der Brühe mit dem Schneidstab pürieren. Weißwein zugießen und die Mascarpone mit einem Schneebesen unterziehen. Alles noch mal 5 Minuten köcheln lassen.

Die Suppe mit Vollmeersalz, Kräutersalz, Cayennepfeffer und Zitronensaft pikant abschmecken. Die Krabben unterrühren und nur kurz in der Suppe erwärmen. Dill hacken und zwei Drittel in die Suppe einrühren.

Die Suppe in Teller oder Suppentassen füllen und mit dem restlichen Dill bestreuen.

**4 Portionen
ca. 35 Minuten**

- 250 g Lauch
- 400 g Kürbis
- 100 g Karotten
- 50 g Zwiebeln
- 2 EL Öl
- Kräutersalz, Muskat, Nelken, Thymian, Majoran, Cayenne
- 1 l Gemüsebrühe (Grundrezept)
- 3 EL Buchweizen
- 4 EL saure Sahne

Pikante Kürbissuppe

Das Gemüse waschen und klein schneiden. In dem Öl anschwitzen und würzen. Mit der Gemüsebrühe auffüllen, den Buchweizen dazugeben und etwa 20 Minuten köcheln lassen. Danach nochmals abschmecken und mit einem Tupfer saure Sahne servieren.

Vorspeisen und kleine Gerichte

Antipasti

Die Zucchini- und Auberginenscheiben in eine Schüssel geben und mit etwas Olivenöl, Salz, Streuwürze, Knoblauch und den Kräutern 1 Stunde marinieren. Dann die Steinpilze, die Paprikastücke, die Zucchini- und Auberginenscheiben einzeln in einer Pfanne mit Olivenöl etwa 2–3 Minuten anbraten und auf Küchenkrepp abtropfen lassen.

Mit den Salatblättern und den Oliven auf einer Platte gefällig anrichten und mit gehackter Petersilie bestreuen.

4 Portionen
ca. 50 Minuten

- 200 g Zucchini in Scheiben
- 220 g Auberginen in Scheiben
- 1 Tasse kaltgepresstes Olivenöl
- Kräutersalz, Streuwürze
- 2 Knoblauchzehen, zerdrückt
- je 1 Zweig Thymian und Oregano
- Basilikum, gehackt
- 200 g Steinpilze, grob gewürfelt
- 2 Paprikaschoten, rot, in kleinere Stücke geschnitten
- einige Salatblätter
- 16 Oliven
- 1 Bund Petersilie, gehackt

Chicorée in Sahnesoße

Chicorée in Salzwasser mit dem Zitronensaft etwa 15 Minuten köcheln und danach gut abtropfen lassen. Die Zwiebel- und Speckwürfel in der Butter kurz anbraten, danach den Chicorée kurz rundherum mit anbraten und wieder herausnehmen. Sahne und Gemüsebrühe aufgießen, kurz aufkochen lassen und vom Herd nehmen. Etwas abkühlen lassen, abschmecken und mit dem Eigelb verrühren. Den Chicorée wieder einlegen und vorsichtig erwärmen. Mit gehackter Petersilie garnieren.

4 Portionen
ca. 35 Minuten

- 4 Chicorée
- Saft einer Zitrone
- 1 Zwiebel, gewürfelt
- 20 g Speck, gewürfelt
- 40 g Butter
- 250 ml Sahne
- 250 ml Gemüsebrühe
- Kräutersalz, Muskat, Streuwürze
- 3 Eigelb
- 1 Bund Petersilie, gehackt

Vorspeisen und kleine Gerichte

4 Portionen
ca. 20 Minuten

- 4 Camembert à 125 g, 60 % Fett i. Tr.
- Vollkornpaniermehl
- 2 Eigelb
- 60 g Bratfett
- 4 EL Heidelbeeren oder Heidelbeermus
- 4 Scheiben Vollkorntoast
- 4 Stückchen Butter à 10 g

Gebackener Camembert mit Heidelbeeren und Vollkorntoast

Den Camembert panieren und ganz langsam in einer Pfanne ausbacken (am besten anbraten und im vorgeheizten Backofen zirka 10 Minuten fertig backen). Auf einem Teller mit Heidelbeeren oder Heidelbeermus anrichten und mit Toast und Butter servieren.

4 Portionen
ca. 25 Minuten

- 4 Schafskäsestücke à 100 g
- 2 Eigelb
- Vollkornpaniermehl
- 50 g Bratfett
- Salat, Tomaten
- Champignons
- Paprika nach Geschmack

Für das Dressing:
- 2 EL Olivenöl, kaltgepresst
- 1 EL Obstessig
- 2 EL kaltes Wasser
- Kräuter nach Belieben
- Kräutersalz

Gebackener Schafskäse auf kleinem Salatbukett

Den Schafskäse mit Eigelb und Paniermehl panieren. Das Bratfett in einer Pfanne zerlassen und den Schafskäse darin langsam goldbraun ausbacken (am besten den Käse leicht anbraten und im vorgeheizten Backofen bei 160 °C zirka 10 Minuten fertig backen).

Auf einem Teller ein schönes Salatbukett garnieren, mit dem Dressing marinieren und den Schafskäse gefällig darauf anrichten.

Tomaten-Mozzarella-Teller

Tomaten waschen, Stielansätze entfernen und in Scheiben schneiden. Den Mozzarella abwaschen und ebenfalls in Scheiben schneiden. Die Tomaten- und Käsescheiben sowie die Basilikumblättchen abwechselnd auf einem Teller anrichten und mit dem Pflanzenöl beträufeln. Mit Kräutersalz würzen und servieren.

**4 Portionen
ca. 15 Minuten**

- 4 Tomaten
- 250 g Mozzarella
- einige Basilikumblättchen
- 4 TL Olivenöl, kaltgepresst
- Kräutersalz

Vital-Salat

Das Gemüse und den Apfel putzen und gut säubern. Dann alles in feine Würfel schneiden und mit Essig, Öl, Honig und den Gewürzen vermischen und gut durchziehen lassen. Kopfsalatblätter waschen und trocken schleudern, dann auf einem Teller zu einem Ring anrichten, den Vital-Salat in der Mitte verteilen und mit den frischen Kräutern verzieren.

**4 Portionen
ca. 40 Minuten**

- 100 g Zucchini
- 100 g Möhren
- 100 g Paprika, bunt
- 50 g Sellerie
- 50 g Salatgurke
- 100 g Apfel
- 3 EL Sonnenblumenöl
- 1 EL Obstessig
- 1 EL Honig
- Kräutersalz
- 1 kleiner Kopfsalat
- Kräuter, frisch, gehackt
- (nach Geschmack)

Vorspeisen und kleine Gerichte

Geflügelcocktail

**4 Portionen
ca. 35 Minuten**

- 500 g Hähnchenbrust, gebraten
- 2 große Essiggurken, gewürfelt
- 2 große Tomaten, gewürfelt
- 4 Ananasringe, gewürfelt

Für die Soße:
- 8 EL Mayonnaise aus dem Glas oder selbst gemacht
- 3 EL Gurkenbrühe aus dem Glas
- etwas Kräutersalz

Zum Garnieren:
- 1 Tomate
- einige Salatblätter
- Petersilie

Die kalte Hähnchenbrust in Würfel schneiden und mit den restlichen Zutaten vermischen. Aus der Mayonnaise und der Gurkenbrühe eine Soße herstellen und mit den Zutaten vermischen. Das Ganze etwa 30 Minuten ziehen lassen und wenn nötig nochmals abschmecken.

Salatblatt in ein Cocktailglas geben und den Geflügelsalat darauf anrichten. Mit Tomatenstreifen und Petersilie gefällig garnieren.

Rote-Bete-Frischkost

**4 Portionen
ca. 25 Minuten**

- 2 Bananen
- 4 EL Schmand
- 600 g rote Bete
- 4 große Kopfsalatblätter

Die Bananen schälen und in Stücke schneiden. Den Schmand zusammen mit den Bananen im Mixer fein pürieren. Die rote Bete schälen und auf der Rohkostreibe grob raspeln, dann mit dem Bananendressing mischen und auf den gewaschenen Salatblättern anrichten.

Gebratene Geflügelleber auf Portweinsoße und frischen Salaten

Salate putzen, waschen und klein schneiden. Auf vier Tellern schöne Salatbuketts anrichten und mit dem Dressing beträufeln.

Die Geflügelleber im Bratfett scharf anbraten, herausnehmen und mit Salz würzen. In dem Fett die Zwiebeln anbraten, mit Wasser und Portwein auffüllen, Streuwürze dazugeben. Die Leber hineinlegen und zirka 3–5 Minuten leicht mitköcheln lassen. Dann die Leber neben dem Salat anrichten und mit der Soße übergießen.

4 Portionen
ca. 35 Minuten

- 600 g Geflügelleber, geputzt
- 20 g Bratenfett
- Kräutersalz
- 1 kleine Zwiebel, fein gewürfelt
- 4 cl Portwein
- 6 EL Wasser
- Streuwürze

Für den Salat:
- 1 Kopfsalat
- 1 Lollo rosso
- 2 Tomaten, gewürfelt
- je 1 gelbe und rote Paprikaschote, gewürfelt

Für das Dressing:
- 4 EL Pflanzenöl, kaltgepresst
- 2 EL Obstessig
- Kräutersalz, Streuwürze
- Kräuter, frisch, nach Geschmack

Waldorf-Salat

Den Sellerie und die Äpfel in feine Streifen schneiden, mit dem Zitronensaft beträufeln und vermischen. Aus den restlichen Zutaten eine Soße herstellen, abschmecken und mit dem Salat vermischen. Mit den gehackten Walnüssen garnieren.

4 Portionen
ca. 15 Minuten

- 2 grüne säuerliche Äpfel
- 200 g Sellerie
- Saft einer Zitrone
- 4 EL süße Sahne, steif geschlagen
- 1 Becher saure Sahne
- Vollmeersalz
- 50 g gehackte Walnüsse

Vorspeisen und kleine Gerichte

4 Portionen
ca. 45 Minuten

- 500 g Karotten
- 1 Rosmarinzweig
- etwas Vollmeersalz
- 100 g Magerquark
- 150 g kernige Haferflocken
- 50 g geriebener Schafskäse mindestens 60 % Fett i. Tr.
- 1 EL gehackte Petersilie
- etwas Kräutersalz
- 2 EL Sonnenblumenkerne
- 1 EL kaltgepresstes Olivenöl

Karotten-Quark-Bratlinge

Die Karotten schälen, putzen und in kleine Stücke schneiden, dann in wenig Wasser zusammen mit dem Rosmarinzweig und etwas Salz in etwa 15 Minuten weich kochen.

Die Karottenstücke abtropfen lassen, den Rosmarinzweig entfernen. Die Karotten zusammen mit dem Quark im Mixer fein pürieren. Dann Haferflocken, Käse und Petersilie untermischen und die Bratlingmasse mit Kräutersalz abschmecken. Aus der Masse mit feuchten Händen 4 Bratlinge formen. Diese in den Sonnenblumenkernen wenden und sie gut andrücken.

Das Öl in einer beschichteten Pfanne erhitzen und die Bratlinge von beiden Seiten 3–4 Minuten goldbraun braten.

Tipp

Servieren Sie dazu einen kleinen neutralen Salat.

Vierkornfladenbrote

4 Fladen
ca. 1 Stunde

- 160 g Dinkelvollkornmehl
- 150 g Roggenvollkornmehl
- 150 g Gerstenvollkornmehl
- 40 g Maismehl
- 1 Knoblauchzehe
- 1/2 Würfel frische Hefe (20 g)
- 1 EL Vollmeersalz
- 1 EL kaltgepresstes Pflanzenöl
- 2 EL Mohn

Die Mehle zusammen in eine große Schüssel geben. Die Koblauchzehe schälen, zerdrücken und zum Mehl geben. Die Hefe zerbröckeln und in etwa 120 ml lauwarmem Wasser vollständig auflösen. Das Vollmeersalz ebenfalls in 120 ml lauwarmem Wasser auflösen. Beide Flüssigkeiten zusammen mit dem Öl zum Mehl geben und alles gut verkneten.

Den Teig etwa 10 Minuten kräftig kneten, dann abdecken und etwa 30 Minuten bei Zimmertemperatur gehen lassen, bis sich sein Volumen verdoppelt hat.

In der Zwischenzeit ein großes Blech mit Backpapier auslegen.

Den gegangenen Hefeteig weitere 2–3 Minuten kräftig kneten, dann zu runden, flachen Fladen ausrollen und diese auf das Backblech legen. Die Teigfladen mit einem Küchentuch abdecken und noch einmal etwa 30 Minuten bei Zimmertemperatur gehen lassen.

Den Backofen auf 220 °C vorheizen.

Die Fladen mit etwas lauwarmem Wasser bepinseln und mit dem Mohn bestreuen. Dann im Ofen auf mittlerer Schiene 10 bis 15 Minuten backen. Dabei eine Tasse mit heißem Wasser mit in den Ofen stellen.

Die Fladen sind durchgebacken, wenn sie beim Klopfen auf die Unterseite hohl klingen.

**4 Portionen
ca. 30 Minuten**

- 2 mittelgroße Zucchini (ca. 400 g)
- 1 kleine Zwiebel
- 1 Knoblauchzehe
- ½ Bund Petersilie
- 100 g Schafskäse (Feta)
- 1 Eigelb
- etwas Vollmeersalz
- etwas Kräutersalz
- 1 EL kaltgepresstes Pflanzenöl

Zucchinipuffer

Die Zucchini waschen, putzen und grob raspeln. Die Zwiebel und die Knoblauchzehe schälen und beides in kleine Würfel schneiden. Die Petersilie waschen, trocken tupfen und fein hacken. Den Schafskäse mit einer Gabel fein zerdrücken.

Die vorbereiteten Zutaten miteinander vermischen. Das Eigelb verquirlen und sorgfältig unter die Gemüsemischung heben. Die Gemüsemasse mit Vollmeer- und Gewürzsalz sehr pikant abschmecken.

Das Öl in einer beschichteten Pfanne erhitzen. Mit einem Esslöffel von der Gemüsemasse kleine Häufchen in die Pfanne setzen und diese mit dem Löffelrücken flach drücken. Die Zucchinipuffer von beiden Seiten jeweils 3–4 Minuten bei mittlerer Hitze braten, dann kurz auf Küchenkrepp abtropfen lassen.

Zu diesen Zucchinipuffern schmeckt Ayran (türkischer Joghurt) oder ein leicht gesalzener Naturjoghurt hervorragend.

Quarkklöße

Das Vollkornbrot im Toaster rösten, dann in kleine Würfel schneiden. Den Quark zusammen mit den Dinkelflocken und dem Weizengrieß im Mixer pürieren. Knoblauch schälen und fein hacken. Knoblauch, Zwiebelwürfel sowie etwas Kräutersalz und Instantgemüsebrühe zur Quarkmischung geben und alles noch mal kurz pürieren. Es muss ein zäher Teig entstehen.

Aus dem Quarkteig mit angefeuchteten Händen kleine Klöße formen. Jeweils eine Mulde hineindrücken, geröstete Brotwürfel hineingeben und die Mulde wieder verschließen. Die Klöße dann in leicht kochendem Salzwasser garen, bis sie an der Oberfläche schwimmen.

Inzwischen die Butter bei milder Hitze schmelzen lassen und die gehackten Kräuter hineinrühren.

Die Klöße aus dem Kochwasser nehmen, gut abtropfen lassen und auf die Teller geben. Die Kräuterbutter angießen.

2 Portionen
ca. 30 Minuten

- 2 Scheiben Vollkornbrot
- 400 g Speisequark
- 40 g Dinkelflocken
- 40 g Weizenvollkorngrieß
- 2 Knoblauchzehen
- etwas Kräutersalz
- 1 Zwiebel, gehackt
- etwas Gemüsebrühe (Instantpulver)
- 100 g Butter
- 1 EL Schnittlauchröllchen
- 1 EL Petersilie, gehackt
- 1 TL Dill, gehackt

Gemüse

Gemüsegratin

**4 Portionen
ca. 45 Minuten**

- 2 Knoblauchzehen
- 20 g Butter
- je 250 g Brokkoli- und Blumenkohlröschen, Zucchinischeiben, Möhrenscheiben, Auberginenscheiben
- 200 ml Sahne
- 100 g Crème fraîche
- 2 Eigelb
- Kräutersalz, Streuwürze
- 200 g Käse, geraspelt (über 60 % Fett i. Tr.)

Eine Auflaufform mit der Butter und dem Knoblauch ausreiben bzw. einfetten. Das Gemüse waschen, abtropfen lassen und in die Auflaufform schichten. Die Sahne mit der Crème fraîche und dem Eigelb sowie den Gewürzen verrühren und über das Gemüse geben. Mit dem Käse bestreuen und im Backofen zirka 25 Minuten bei 170 °C backen.

Fenchelgemüse

**4 Portionen
ca. 25 Minuten**

- 800 g Fenchel
- 200 ml Gemüsebrühe (Grundrezept)
- 20 g Butter
- Kräutersalz, Streuwürze

Fenchel putzen, waschen und in Würfel schneiden. Das Fenchelkraut waschen und klein hacken. Die Butter zerlassen und den Fenchel darin anschwitzen, mit der Gemüsebrühe auffüllen, würzen und zirka 15 Minuten weich dünsten. Zum Schluss mit dem Fenchelkraut bestreuen.

Spinatauflauf

30 g Butter in einem Topf zerlassen und darin die Zwiebelwürfel glasig dünsten. Dann den Spinat hinzugeben und unter ständigem Rühren 2–3 Minuten erhitzen, bis alle Flüssigkeit verkocht ist und der Spinat anfängt, am Boden zu haften. Jetzt den Topf beiseite stellen.

Die Sahne in einem weiteren Topf kurz aufkochen und vom Herd nehmen. Sodann unter ständigem Rühren das Eigelb dazugeben und mit Salz, Muskat und der Streuwürze abschmecken. Dann den Spinat und den Parmesankäse hineingeben und alles gut vermischen.

Das Eiweiß steif schlagen und ebenfalls vorsichtig unterheben. Mit der restlichen Butter eine Auflaufform einfetten und die Spinatmischung einfüllen. Den Auflauf zugedeckt ca. 60 Minuten im Backofen bei 160 °C garen. Der Auflauf sollte sich überall fest anfühlen, ansonsten muss die Garzeit entsprechend verlängert werden.

4 Portionen
45 Minuten

- 400 g frischer Spinat, blanchiert und ausgedrückt
- 60 g Butter
- 1 Zwiebel, gewürfelt
- 250 ml Sahne
- 3 Eigelb
- Kräutersalz, Muskat, Streuwürze
- 80 g frisch geriebener Parmesankäse
- 3 Eiweiß

Geschmorte Artischocken

Die Artischocken von den harten Außenblättern und den Blattspitzen trennen und stückweise in Viertel schneiden. Die Zwiebel, den Knoblauch und die Karotten in Würfel schneiden und in den Römertof geben. Dann das Öl dazugeben und die Artischockenteile hinzufügen. Mit Salz, Paprika, Nelken und der Petersilie würzen und bei mittlerer Hitze 20–25 Minuten schmoren lassen.

4 Portionen
ca. 30 Minuten

- 6 mittlere Artischocken
- 1 Zwiebel
- 2 Knoblauchzehen
- 3 Karotten
- Kräutersalz, Paprika
- 2 Nelken
- etwas Petersilie
- 3 EL Olivenöl

Gemüse

**4 Portionen
ca. 20 Minuten**

- 2 Salatgurken
- 120 g Butter
- Kräutersalz, Streuwürze
- 200 ml Gemüsebrühe (Grundrezept)
- 1 Bund Dill
- 2 Eigelb

Gedünstete Gurken mit Dillbutter und Eigelb

Die Salatgurken schälen und der Länge nach halbieren. Mit einem Teelöffel die Kerne auskratzen und die Gurken in halbmondförmige Scheiben (zirka 1 cm stark) schneiden. Diese in 20 g zerlassener Butter anschwitzen. Danach würzen und mit der Gemüsebrühe auffüllen, das Ganze zirka 5 Minuten dünsten. In der Zwischenzeit die restliche Butter mit dem gehackten Dill verkneten und auf die Gurken verteilen. Mit hart gekochtem, klein gehacktem Eigelb bestreuen.

**4 Portionen
ca. 15 Minuten**

- 800 g Möhren
- 20 g Butter
- 250 ml Gemüsebrühe (Grundrezept)
- Kräutersalz, Streuwürze
- 1 Bund Petersilie

Möhrengemüse

Die Möhren waschen, putzen und klein schneiden. In der zerlassenen Butter anschwitzen, mit Gemüsebrühe auffüllen, würzen und zirka 15 Minuten gar dünsten. Zum Schluss mit gehackter Petersilie bestreuen.

Gebackener Blumenkohl

Den Blumenkohl in Röschen zerteilen, würzen und halbweich dämpfen. Das Eigelb mit etwas Wasser verrühren und den Blumenkohl damit sowie mit dem Vollkornpaniermehl panieren. Dann den Blumenkohl in Bratfett goldbraun ausbacken.

4 Portionen
ca. 35 Minuten

- 1 Blumenkohl
- Vollkornpaniermehl
- Kräutersalz, Muskat
- 3 Eigelb
- Pflanzenöl zum Backen

Bayerisches Kraut

Weißkraut putzen, klein schneiden und waschen. Die Zwiebel und das Dörrfleisch klein schneiden und in der Butter glasig werden lassen. Das Kraut dazugeben, mit der Gemüsebrühe, dem Wein und den Gewürzen auffüllen und weich dünsten lassen.

4 Portionen
ca. 35 Minuten

- 1 kg Weißkraut
- 1 Zwiebel
- 100 g Dörrfleisch
- 20 g Butter
- 200 ml Gemüsebrühe (Grundrezept)
- 100 ml trockener Weißwein
- Kräutersalz, Kümmel, Streuwürze

Gefüllte Auberginen

Die Auberginen im Backofen zirka 10 Minuten rösten. Danach die Haut abziehen und der Länge nach halbieren. Mit einem Esslöffel das Kerngehäuse so herauslösen, dass ein zirka 2 cm breiter Rand stehen bleibt. Zwiebeln, Knoblauch, Tomaten, Zimtstange, Lorbeerblatt und das gewürfelte Kerngehäuse in Olivenöl kurz anbraten, würzen und zirka 5 Minuten dünsten. Danach die Zimtstange und das Lorbeerblatt entfernen, das Gemüse auf die gewürzte Auberginenhälfte verteilen, mit dem geriebenen Käse und den Mandelblättchen bestreuen und im Backofen bei 180 °C zirka 15 Minuten überbacken.

4 Portionen
ca. 35 Minuten

- 4 Auberginen à 350 g
- 3 Zwiebeln, in Ringe geschnitten
- 2 Knoblauchzehen, gewürfelt
- 500 g Tomaten, geschält und gewurfelt
- Zimtstange
- 1 Lorbeerblatt
- 50 ml Olivenöl, kaltgepresst
- Kräutersalz
- 50 g Mandelblättchen
- 120 g Käse, über 60 % Fett i.Tr., gerieben

Kohlenhydratgerichte

Pizza mit Schafskäse

4 Portionen
ca. 40 Minuten

- 350 g Vollkornmehl
- 20 g Hefe
- 20 ml Wasser
- 50 ml Öl
- 1 TL Vollmeersalz
- 20 g Butter zum Einfetten des Backbleches

Für den Belag:
- 1 Zwiebel, in Ringe geschnitten
- 250 g Lauch, in Ringe geschnitten
- 2 EL Öl
- 300 g Schafskäse, gewürfelt
- 1 Becher saure Sahne
- Basilikum, Oregano
- Kräutersalz, Streuwürze
- 200 g Oliven

Aus Mehl, Hefe, Wasser, Öl und Salz einen Hefeteig zubereiten und gehen lassen. Backblech einfetten und den Teig darauf ausrollen. Zwiebel- und Lauchringe im Öl glasig dünsten, 100 g vom Schafskäse, saure Sahne und Basilikum dazugeben, würzen und gut verrühren. Diese Masse auf den Teig streichen und mit dem restlichen Schafskäse und den Oliven belegen. Mit Oregano bestreuen und bei 200 °C 20–25 Minuten backen.

Kartoffelrösti mit Lauchgemüse überbacken

4 Portionen
ca. 40 Minuten

- 800 g Kartoffeln
- 3 Eigelb
- Kräutersalz, Streuwürze
- Öl zum Ausbacken
- 1 kg Lauch
- 20 g Butter
- Kräutersalz, Muskat, Streuwürze
- 200 ml Sahne
- 300 g Käse, gerieben, über 60 % Fett i. Tr.

Kartoffeln schälen, reiben und gut ausdrücken. Mit dem Eigelb und den Gewürzen vermischen. Aus der Masse kleine Pfannkuchen formen und in wenig heißem Öl in einer beschichteten Pfanne goldbraun ausbacken.

Lauch in feine Ringe schneiden, dann in der Butter leicht andünsten. Mit der Sahne auffüllen, würzen und ca. 10 Minuten einköcheln lassen. Die Lauchmasse auf die Rösti verteilen, mit Käse bestreuen und im Backofen ca. 10–15 Minuten bei 160 °C überbacken.

Kohlenhydratgerichte

Frischer Spargel mit Petersilienkartoffeln, Sauce hollandaise und rohem Rinderschinken

Den Spargel vom Kopf zum unteren Ende schälen. Danach gut abspülen und mit einer dünnen Schnur in acht Portionen bündeln. Wasser mit den Gewürzen zum Kochen bringen und den Spargel darin ca. 15 Minuten garen.

Kartoffeln in Salzwasser garen. Butter in einem Topf zerlassen und die gekochten Kartoffeln mit der gehackten Petersilie darin schwenken.

Spargel, Petersilienkartoffeln und Schinken auf einer Platte anrichten.

4 Portionen
ca. 20 Minuten

- 1000 g geschälte Kartoffeln
- 20 g Butter
- 1 Bund Petersilie

- 2 kg frischer deutscher Spargel
- 20 g Salz
- 10 g Zucker
- Saft einer Orange
- 8 Scheiben roher Rinderschinken
- 1 EL Essig
- etwas Zitronensaft

Info

Klären heißt: Die Butter langsam aufkochen lassen, bis das darin enthaltene Wasser verdampft ist. Vorsicht: sie sollte dabei keine Farbe annehmen

Sauce hollandaise

In einem Topf 4 EL Wasser mit dem Essig, dem Zitronensaft, dem Salz und den Schalotten aufkochen und ziehen lassen. Dann abpassieren und nochmals kurz einkochen. Diesen Gewürzsud in eine Schüssel geben, mit 2 EL kaltem Wasser und dem Eigelb verrühren. Im Wasserbad bei ca. 60 °C aufschlagen, bis die Masse cremig wird.

In der Zwischenzeit die Butter klären und die noch warme Butter langsam (tropfenweise) in die cremig geschlagene Eigelbmasse rühren. Ist die Soße zu dick, geben Sie noch etwas Wasser dazu.

- 6 EL Wasser
- 1 EL Essig
- etwas Zitronensaft
- Kräutersalz
- 2 Schalotten, gehackt
- 4 Eigelb
- 250 g Butter

4 Portionen
ca. 40 Minuten

- 250 g Weizenvollkornmehl
- 2 Eigelb
- 1 Prise Kräutersalz
- 1 EL Öl
- etwas Wasser
- 1 Stange Lauch
- 50 g Butter
- Petersilie, Schnittlauch
- 2 Eigelb
- Kräutersalz, Muskat
- 1 Eigelb zum Bestreichen
- 1 l Gemüsebrühe

Lauchtaschen

Aus Mehl, Eigelb, Salz, Öl und Wasser einen Teig bereiten.

Lauch in feine Ringe schneiden, in der Butter weich dünsten, Kräuter dazugeben, würzen und vom Herd nehmen. Dann erst das Eigelb unterrühren.

Den Teig dünn ausrollen und kleine Rechtecke schneiden. Auf jedes Teigstück 1 EL Füllung geben, den Rand mit Eigelb bestreichen und fest zusammendrücken.

Die Lauchtaschen in kochender Gemüsebrühe 10 Minuten köcheln lassen.

Sie können als Suppeneinlage und auch zu Salat gereicht werden.

4 Portionen
ca. 55 Minuten

- 250 g Vollkornspaghetti
- 2 Zwiebeln
- 2 Knoblauchzehen
- 800 g Champignons
- 40 g Butter
- Meersalz, Streuwürze, Basilikum
- 200 g Frischkäse, über 60 % Fett i. Tr.

Pilzspaghetti

Die Zwiebeln würfeln, Knoblauch fein hacken und die Champignons in feine Scheiben schneiden. Alles in der Butter anschwitzen und mit den Gewürzen abschmecken. Dann den Frischkäse dazugeben und schmelzen lassen.

Spaghetti in Salzwasser bissfest kochen und auf einem Teller anrichten. Die Champignonsoße darüber geben und servieren.

Käsespätzle

Eigelb mit Wasser und Salz verquirlen und das Vollkornmehl nach und nach dazugeben. Alles gut miteinander verrühren und den Teig schlagen, bis er Blasen wirft. Den Teig mit einem Spätzlehobel in kochendes Salzwasser geben und kurz aufkochen lassen. Die Spätzle herausnehmen und in kaltem Wasser abschrecken.

Die Butter in einer Pfanne erhitzen und die Spätzle darin goldbraun anbraten, würzen und den grob geriebenen Käse darüber geben. Wenn der Käse beginnt zu laufen, können die Spätzle serviert werden.

4 Portionen
ca. 40 Minuten

- 250 g Vollkornmehl
- 5 Eigelb
- 50 ml Wasser
- 5 g Salz
- 20 g Butter
- Muskat, Kräutersalz
- 150 g Wörishofener Käse, 60 % Fett i. Tr.

Tipp

Verwenden Sie für den Spätzleteig Dinkelmehl und Dinkelgrieß (im Verhältnis 3 : 1). Die Spätzle schmecken vorzüglich und sind besonders bekömmlich.

In Sesam panierte Selleriescheiben mit Kartoffel-Möhrenpüree

Die Selleriescheiben in reichlich Salzwasser blanchieren und danach in kaltem Wasser abschrecken. Mit Salz und Streuwürze würzen, dann in mit Wasser verquirltem Eigelb und Sesam panieren. Das Pflanzenfett und die Butter in einer Pfanne erhitzen und die panierten Selleriescheiben goldbraun darin ausbacken.

Die Kartoffeln mit den Karotten weich garen und durch die Kartoffelpresse drücken. Das Sahnewasser und die Gewürze sowie die gehackte Petersilie dazugeben und mit einem Schneebesen verrühren.

4 Portionen
ca. 45 Minuten

- 8 Selleriescheiben, geputzt, à ca. 100 g
- Sesam zum Panieren
- 4 Eigelb, verquirlt mit etwas Wasser
- 40 g Pflanzenfett
- 20 g Butter
- Kräutersalz, Streuwürze

Kartoffel-Möhrenpüree:
- 500 g Kartoffeln, geschält
- 300 g Karotten, geschält
- 200 ml Sahnewasser (2 : 1)
- Kräutersalz, Muskat
- 1 Bund Petersilie, gehackt

Kohlenhydratmahlgerichte

4 Portionen
ca. 45 Minuten

- 2 mittelgroße Zucchini
- Kräutersalz, Streuwürze
- 20 g Butter

Kartoffelpüree:
- 800 g Kartoffeln, geschält
- 150 ml Sahnewasser
- Kräutersalz, Muskat
- 1 Bund Petersilie, gehackt

Kräutersoße:
- 100 g Schalotten, fein gewürfelt
- 20 g Butter
- 300 ml Sahne
- je 1 Bund Petersilie, Schnittlauch und Dill, fein gewiegt
- Kräutersalz, Streuwürze

Röstzwiebeln:
- 2 große Gemüsezwiebeln, in Ringe geschnitten
- 20 g Butter
- Kräutersalz, Paprika

Gefüllte Zucchini

Die Zucchini waschen und der Länge nach halbieren. Mit einem Esslöffel das Fleisch etwas herauskratzen und beiseite stellen (kann ins Püree gegeben werden).

20 g Butter in einem flachen Topf zerlassen, die Zucchini hineinlegen, würzen und etwas Wasser dazugießen. Das Ganze dünsten. Zur späteren Weiterverwendung die Zucchinihälften auf ein Backblech legen.

Die Kartoffeln in Salzwasser weich garen und durch die Kartoffelpresse drücken. Das Sahnewasser darüber gießen, würzen und mit einem Schneebesen gut durchrühren. Zum Schluss die gehackte Petersilie unterrühren. Das Püree etwas abkühlen lassen und mit einem Spritzbeutel (große Tülle) auf die Zucchinihälften geben. Das Ganze im Backofen bei 150 °C goldgelb überbacken.

Die Schalotten in der Butter glasig dünsten. Mit der Sahne auffüllen und auf die richtige Konsistenz einkochen lassen. Dann die fein gewiegten Kräuter hineingeben, würzen und ca. 10 Minuten ziehen lassen.

Die Gemüsezwiebeln in der zerlassenen Butter goldbraun braten, würzen und beim Anrichten über die gefüllten Zucchinihälften verteilen. Mit etwas Kräutersoße nappieren und servieren.

Gebackene Polenta mit Gemüsegulasch

4 Portionen
ca. 40 Minuten

Das Wasser mit dem Salz aufkochen und das Maismehl einrühren. Unter ständigem Rühren ca. 15 Minuten köcheln lassen, bis die Polenta dick ist. Dann die Butter und den Käse einrühren und auf ein Backblech fingerdick aufstreichen. Zum Auskühlen beiseite stellen.

Die Gemüsewürfel in heißem Bratfett gut anbraten. Das Tomatenmark dazugeben und kurz mitrösten. Mit Wasser ablöschen, würzen und ca. 15 Minuten einkochen lassen.

Die Polenta in beliebig gewählten Formen ausstechen und im Olivenöl ausbraten, bis sie goldgelb sind. Die Polenta dann mit dem Gemüsegulasch anrichten und mit gehackter Petersilie bestreuen.

- 600 ml Wasser
- Kräutersalz
- 120 g Maismehl
- 40 g Butter
- 60 g geriebener Käse, über 60 % Fett i. Tr.
- Olivenöl zum Braten

Gemüsegulasch:
- je 200 g in Würfel geschnittene Zucchini, Auberginen, Zwiebeln, Tomaten und Paprika
- 40 g Bratfett
- 2 EL Tomatenmark
- 200 ml Wasser
- Kräutersalz, Streuwürze
- Kräuter der Provence
- Petersilie, gehackt

Pikante Champignontorte

**4 Portionen
ca. 30 Minuten**

- 150 g Vollkornweizenmehl
- ¼ TL Meersalz
- 1 Eigelb
- 100 g weiche Butter
- wenn nötig, etwas Wasser
- 10 g Butter zum Einfetten

Belag:
- 1 kg Champignons, in Scheiben geschnitten
- 40 g Butter
- 1 TL Streuwürze
- 2 Knoblauchzehen
- 100 ml Sahne
- 200 g Frischkäse
- Wasser

Aus Vollkornweizenmehl, Salz, Eigelb und Butter einen Teig bereiten und in eine gefettete Springform geben.

Die Champignons in der Butter dünsten, bis die Flüssigkeit verdampft ist. Mit Streuwürze und Knoblauch würzen, dann mit Sahne verfeinern. Diese Masse auf den Teig geben. Den Frischkäse mit etwas Wasser sämig rühren und auf die Pilze geben. Die Torte bei 180 °C ca. 40–50 Minuten backen und warm servieren.

Buchweizenfrikadellen

**4 Portionen
ca. 40 Minuten**

- 200 g Buchweizen
- 2 Zwiebeln, gehackt
- 20 g Butter
- 1 TL Koriander
- 1 TL Basilikum
- 1–2 TL Vollkornweizenmehl
- 1 TL Majoran
- Kräutersalz, Knoblauch
- 2–3 Eigelb
- 30 g Bratfett

Den Buchweizen in 1 l Wasser langsam gar kochen und etwa 15–20 Minuten ausquellen lassen. Die Zwiebeln in der Butter anschwitzen. Alle Zutaten zu einer festen Masse vermischen und Frikadellen daraus formen. In heißem Bratfett ausbacken.

Eiweißgerichte

Gedämpfte Hähnchenbrust auf Weißwein-Schnittlauch-Creme mit verschiedenen Gemüsen

Die Hähnchenbrüste waschen und trocken tupfen. In der Butter die Zwiebelwürfel glasig dünsten, mit Weißwein und etwas Wasser auffüllen, würzen und kurz aufkochen lassen. Die Hähnchenbrüste darin ca. 12 Minuten leicht köchelnd garen.

Die verschiedenen Gemüse entsprechend ihrer Garzeit in reichlich kochendem Salzwasser blanchieren und gleich wieder in kaltem Wasser abschrecken. Die Butter in einem Topf zerlassen, die Gemüse hineingeben, würzen und kurz durchschwenken.

Für die Creme die Zwiebelwürfel in der Butter glasig dünsten, mit dem Weißwein und der Sahne auffüllen, würzen und etwas einkochen lassen. Dann die Crème fraîche hineingeben, verrühren und nochmals kurz aufkochen lassen. Zum Schluss den Schnittlauch dazugeben und untermischen.

Jetzt die Hähnchenbrüste auf einem Teller anrichten, mit der Weißwein-Schnittlauch-Creme übergießen und das Gemüse dekorativ auf dem Teller verteilen.

4 Portionen
ca. 40 Minuten

- 4 Hähnchenbrüste à 150 g
- 20 g Butter
- 1 kleine Zwiebel, gewürfelt
- 100 ml Weißwein
- Wasser
- Meersalz, Lorbeerblatt, Streuwürze

Gemüse:
- 200 g Möhren, in Scheiben geschnitten
- 200 g Zucchinikugeln (ausgestochen mit einem Kugelausstecher)
- 200 g Brokkoliröschen
- 200 g Kohlrabi, in Stifte geschnitten
- 50 g Butter
- Meersalz, Muskat, Streuwürze

Für die Creme:
- 1 kleine Zwiebel, gewürfelt
- 20 g Butter
- 200 ml Sahne
- 4 cl Weißwein, nicht zu trocken
- Kräutersalz, Streuwürze
- 2 Bund Schnittlauch, geschnitten
- 1 EL Crème fraîche

Eiweißgerichte

4 Portionen
ca. 90 Minuten

- 2 Putenoberkeulen à 700 g (mit Knochen)
- Kräutersalz, Paprika, Basilikum, Streuwürze
- 40 g Pflanzenfett
- 150 g Karotten, gewürfelt
- 150 g Zwiebeln, gewürfelt
- 150 g Sellerie, gewürfelt
- 2 EL Tomatenmark
- 100 ml trockener Rotwein
- 4 Wacholderbeeren
- 2 Lorbeerblätter
- 4 EL Sahne
- 800 g Rosenkohl, geputzt
- 40 g Butter
- 1 kleine Zwiebel, gewürfelt
- 100 g Dörrfleisch, gewürfelt
- Muskat

Geschmorte Putenoberschale mit Rosenkohl

Die Putenoberkeulen waschen und trocken tupfen. Mit Streuwürze, Salz, Paprika und Basilikum würzen. In einem Bräter im heißen Fett rundherum anbraten und wieder herausnehmen. Dann das Gemüse und das Tomatenmark hineingeben und alles kurz rösten lassen. Mit Rotwein und etwas Wasser ablöschen, Wacholderbeeren und Lorbeerblätter dazugeben und die Putenkeulen darin bei geschlossenem Topf im Backofen bei 250 °C zirka 30 Minuten schmoren lassen. Dabei immer wieder mit Wasser ablöschen. Die Putenkeulen herausnehmen, mit einem Messer halbieren und in Alufolie eingepackt etwa 5 Minuten ruhen lassen. In der Zwischenzeit Wacholderbeeren und Lorbeerblätter aus der Soße fischen und den Rest mit dem Pürierstab mixen. Die Sahne dazugeben und kurz verrühren.

In der Zwischenzeit den Rosenkohl in reichlich kochendem Salzwasser blanchieren und abtropfen lassen. Die Butter in einem Topf zerlassen und darin die Zwiebelwürfel und die Dörrfleischwürfel kurz angehen lassen. Dann den Rosenkohl dazugeben, würzen und vorsichtig durchschwenken.

Eiweißgerichte

Rinderhacksteak mit Ratatouille

Alle Zutaten für das Steak gut vermischen und zu flachen Klopsen formen. In heißem Fett ca. 15 Minuten braten.

Für das Ratatouille das Olivenöl erhitzen. Darin die Zucchini-, Aubergine-, Paprika-, Zwiebelwürfel und den Knoblauch ca. 10 Minuten anbraten. Dann die Tomatenwürfel dazugeben und etwa 5 Minuten mitdünsten. Mit den Gewürzen abschmecken, den Tomatensaft dazugeben und weiterdünsten, bis das Gemüse weich ist. Zum Schluss die gehackte Petersilie dazugeben.

4 Portionen
ca. 45 Minuten

- 500 g Rinderhackfleisch
- 1 Ei
- 1 Zwiebel, gehackt
- Petersilie, gehackt
- 30 g Bratfett
- Kräutersalz

Ratatouille:
- 6 EL Olivenöl
- 250 g Zucchini, gewürfelt
- 100 g Aubergine, gewürfelt
- 200 g Paprika, gewürfelt, bunt gemischt
- 100 g Zwiebeln, gewürfelt
- 1 Knoblauchzehe
- 300 g Tomaten ohne Haut, gewürfelt
- Kräutersalz, Streuwürze
- 100 ml Tomatensaft
- 2 EL Petersilie, gehackt

Eiweißgerichte

**4 Portionen
ca. 50 Minuten**

- 4 Entenbrüste à 250 g
- Kräutersalz, Rosmarin
- 80 g Bratfett
- 4 EL Honig
- 2 EL warmes Wasser

Waldpilzcreme:
- 100 g Dörrfleisch, gewürfelt
- 1 Zwiebel, gewürfelt
- 1 Knoblauchzehe, gehackt
- 30 g Bratfett
- 800 g Waldpilze, gemischt (frisch oder tiefgekühlt)
- Kräutersalz, Streuwürze
- 4 cl Cognac
- 250 ml Sahne
- Petersilie, gehackt

Brokkoligratin:
- 600 g Brokkoliröschen, blanchiert
- 20 g Butter
- 200 ml Sahne
- 2 Eier
- 1 kleine Zwiebel, gewürfelt
- Kräutersalz, Streuwürze, Muskat

Entenbrust auf Waldpilzcreme und Brokkoligratin

Die Entenbrüste waschen und trocken tupfen. Eventuell vorhandene Federkiele mit einer Pinzette entfernen. Die Entenbrüste würzen und mit der Hautseite zuerst im heißen Fett knusprig braten. Den Honig mit lauwarmem Wasser verrühren und damit die Haut bestreichen. Dann die Pfanne vom Herd nehmen und im Backofen bei 200 °C ca. 10–15 Minuten fertig backen. Dabei die Haut immer wieder mit dem Honigwasser bestreichen. Die Entenbrüste aus dem Ofen nehmen und in Alufolie einwickeln; ca. 5 Minuten ruhen lassen. Anschließend in Scheiben schneiden und auf der Waldpilzcreme anrichten.

Für die Creme Dörrfleisch, Zwiebeln und Knoblauch im heißen Fett anschwitzen, die Pilze dazugeben, würzen und ca. 5 Minuten mit anschwitzen. Dann Cognac und Sahne dazugeben und gut einkochen lassen. Mit gehackter Petersilie bestreuen und anrichten.

Eine feuerfeste Form mit Butter ausstreichen und den Brokkoli darin verteilen. Sahne mit Eiern verquirlen, Zwiebelwürfel dazugeben, würzen und über den Brokkoli gießen. Im Backofen backen, bis die Sahne/Ei-Masse gestockt ist.

Eiweißgerichte

Geschmortes Rindfleisch mit Gurken und Minze

Das Rindfleisch in grobe Würfel schneiden. Das Olivenöl mit dem Knoblauch und den Minzeblättchen vermischen und das Fleisch damit würzen. Das Fleisch im heißen Fett anbraten, die geviertelten Tomaten und die Zwiebelwürfel dazugeben. Das Ganze kurz weiterbraten und mit den Gewürzen abschmecken. Mit etwas Wasser ablöschen und im geschlossenen Bräter ca. 60 Minuten schmoren lassen. Dabei immer wieder mit Wasser ablöschen. Dann geben Sie die Gurkenstücke dazu und lassen sie 20 Minuten mitschmoren. Das fertige Gericht mit gehackter Petersilie bestreuen und servieren.

4 Portionen
ca. 70 Minuten

- 1 kg mageres Rindfleisch
- 4 EL Olivenöl
- 2 Knoblauchzehen, zerdrückt
- 10 Minzeblättchen, gehackt
- 30 g Pflanzenfett
- 4 Tomaten, geviertelt
- 250 g Zwiebelwürfel
- Meersalz, Paprika, Basilikum
- 500 g Salatgurke, geschält und entkernt
- Petersilie, fein gehackt

Eiweißgerichte

4 Portionen
ca. 80 Minuten

- 1 mittelgroßes Huhn
- Meersalz, Lorbeerblätter, Wacholderbeeren
- 1/4 l trockener Weißwein
- 6 große Tomaten
- 1 Zwiebel, gehackt
- 50 g Dörrfleisch, gewürfelt
- 40 g Tomatenmark
- 30 g Bratfett
- 1/8 l Rotwein
- etwas Wasser
- Petersilie, gehackt
- Kräutersalz, Basilikum
- Streuwürze
- 20 g Butter

Gemüse:
- 6 Paprika, bunt
- 2 Äpfel
- 1 Zwiebel
- 20 g Butter
- 2 Tomaten
- Kräutersalz, Kümmel, Thymian, Knoblauch, Basilikum

Gedämpftes Huhn in Tomatensoße mit Paprikagemüse

Das Huhn waschen und in Salzwasser mit den Lorbeerblättern, Wacholderbeeren und dem Weißwein weich kochen. Die Tomaten vom Strunk befreien, in kochendem Wasser kurz blanchieren, dann sofort in kaltem Wasser abschrecken. Jetzt kann die Schale entfernt werden. Zwiebel und Dörrfleisch in Bratfett anschwitzen, geviertelte Tomaten und Tomatenmark dazugeben und weiter anschwitzen, bis alles leicht bräunt. Danach mit Rotwein und Wasser ablöschen, die Gewürze und die Butter dazugeben und das Ganze 40 Minuten köcheln lassen. Dann wird alles mit einem Mixer püriert und nochmals abschmeckt.

Die Paprika putzen und waschen. In Streifen schneiden und mit der klein geschnittenen Zwiebel und den Äpfeln in der zerlassenen Butter dünsten. Die Tomaten schälen, vierteln und dazugeben. Mit Salz, Kümmel, Thymian, Knoblauch und Basilikum würzen und alles weiter dünsten, bis es weich ist.

Das Huhn in Teile zerlegen und in eine Form geben. Mit der Tomatensoße übergießen und ca. 20 Minuten im Backofen bei mittlerer Hitze ziehen lassen. Das Ganze auf einer Platte anrichten und mit dem Gemüse garnieren.

Lammkoteletts mit grünen Butterbohnen und Rotweinschalotten

Die Lammkoteletts würzen und in eine Schüssel legen. Den Knoblauch und die Zwiebelwürfel darüber geben und so viel Öl dazugießen, bis die Koteletts bedeckt sind. Die Schüssel mit Folie abdecken und 2 Tage kühl aufbewahren.

Dann die Koteletts in heißem Pflanzenfett anbraten. Das Bratfett abgießen, die Butter hineingeben und in ca. 8 Minuten fertig braten. Zum Anrichten die Koteletts gut abtropfen lassen.

Die Bohnen in reichlich kochendem Salzwasser knackig weich kochen. Dann in kaltem Wasser abschrecken und abtropfen lassen. Die Zwiebelwürfel in der Butter glasig dünsten, die Bohnen dazugeben, würzen, das gehackte Bohnenkraut dazugeben und kurz durchschwenken.

Die Schalotten in der Butter glasig dünsten. Den Honig dazugeben und karamelisieren lassen. Mit dem Rotwein ablöschen, würzen und gut einkochen lassen. Dabei immer wieder umrühren, da die Schalotten leicht anbrennen. Wenn der Rotwein fast verkocht ist, können die Rotweinschalotten angerichtet werden.

4 Portionen
ca. 45 Minuten

- 8 Lammkoteletts à ca. 100 g
- Kräutersalz, Thymian, Streuwürze
- 2 Knoblauchzehen, gehackt
- 1 kleine Zwiebel, gewürfelt
- Pflanzenöl
- 40 g Pflanzenfett
- 20 g Butter

Butterbohnen:
- 800 g geputzte grüne Bohnen (Prinzessbohnen)
- 1 kleine Zwiebel, fein gehackt
- 80 g Butter
- Kräutersalz, Streuwürze
- 1 Zweig Bohnenkraut (frisch oder 1 TL getrocknetes)

Rotweinschalotten:
- 300 g Schalotten, geschält
- 20 g Butter
- 2 EL Honig
- 1/4 l Rotwein (dunkel)
- Kräutersalz

Eiweißgerichte

4 Portionen
ca. 1 ³/₄ Stunde

- 600 g Kalbfleisch zum Schmoren, z.B. Schulter, Halsstück oder Haxe (ohne Knochen)
- 1 unbehandelte Zitrone
- 1 Bund gemischte Kräuter, wie Estragon, Majoran
- 3 mittelgroße Zwiebeln
- 2 Knoblauchzehen
- 3 Karotten
- 1 Stück Sellerie (ca. 100 g)
- 4 Tomaten
- 2 EL kaltgepresstes Pflanzenöl
- etwas Vollmeersalz
- ½ Bund Petersilie zum Garnieren

Kalbsschmorfleisch mit Gemüsesoße

Das Fleisch in Scheiben schneiden. Die Schale der Zitrone fein abreiben, die Frucht dann auspressen. Die Kräuter waschen und in ein Leinen- oder Mullsäckchen geben. Dieses zubinden. Die Zwiebeln und den Knoblauch schälen und in Scheiben schneiden.

Die Karotten und das Selleriestück schälen, putzen und in kleine Würfel schneiden. Die Tomaten über Kreuz einritzen, kurz mit heißem Wasser überbrühen, kalt abschrecken und enthäuten. Anschließend 3 Tomaten in Würfel schneiden, die vierte mit dem Mixstab pürieren.

Die Zwiebeln in einem Schmortopf in dem Öl glasig andünsten. Das Fleisch sowie Karotten-, Sellerie- und Tomatenwürfel dazugeben und alles 2–3 Minuten anbraten. Dann die Fleischmischung mit Salz würzen. Die Kräuter im Säckchen, Zitronenschale und -saft, Wein und die pürierte Tomate dazugeben. Alles mischen und bei milder Hitze zugedeckt etwa 1 Stunde schmoren lassen.

Das Fleisch herausnehmen und in eine vorgewärmte Schüssel geben. Das Säckchen mit den Kräutern aus dem Topf nehmen und das Gemüse zusammen mit der Soße und den Kräutern aus dem Säckchen fein pürieren oder durch ein Sieb streichen. Die Petersilie waschen, trocken tupfen und fein hacken.

Das Fleisch zusammen mit der Gemüsesoße auf Tellern anrichten und mit der Petersilie bestreuen.

Eiweißgerichte

Fischkoteletts mit Gemüse

Bleichsellerie putzen (eventuell die Fäden abziehen), waschen und der Länge nach halbieren. Die Butter in einem großen Topf erhitzen. Die Selleriehälften darin kurz andünsten, dann mit Salz würzen und den Weißwein zufügen. Den Sellerie bei geringer Hitze zugedeckt etwa 20 Minuten dünsten.

In der Zwischenzeit die Tomaten über Kreuz einritzen, kurz überbrühen, abschrecken, enthäuten, entkernen und in Würfel schneiden. Die Oliven halbieren und entkernen.

Den Backofen auf 180 °C vorheizen.

Die Basilikumblätter waschen, trocken tupfen und in Streifen schneiden. Mit den Tomaten- und Olivenstücken mischen und alles mit Salz abschmecken. Mozzarella abtropfen lassen und in dünne Scheiben schneiden. Die Selleriehälften mit den Schnittflächen nach oben in eine ausgefettete feuerfest Form geben und die Tomatenmischung darüber verteilen. Die Mozzarellascheiben darauf legen.

Die Fischstücke waschen, trocken tupfen, mit Öl und Salz einreiben und dann in eine feuerfeste Form legen, mit etwas Öl beträufeln und mit den Kräutern der Provence bestreuen. Die Formen mit dem Fisch und dem Gemüse zusammen in den Ofen stellen und alles etwa 20 Minuten garen beziehungsweise überbacken.

2 Portionen
ca. 1 Stunde

- 1 Bleichsellerie (ca. 400 g)
- 1 EL Butter
- etwas Vollmeersalz
- 100 ml trockener Weißwein
- 2 feste, große Fleischtomaten
- 6–8 schwarze Oliven
- 4 Basilikumblättchen
- 50 g Mozzarella
- etwas Butter für die Formen
- 2 Kabeljaukoteletts (Tranchen)
- 1 EL kaltgepresstes Olivenöl
- Kräuter der Provence

Eiweißgerichte

4 Portionen
ca. 1 ¼ Stunden

- 4 mittelgroße Stangen Lauch
- 3 mittelgroße, eher saure Äpfel
- 1 El kaltgepresstes Pflanzenöl
- 50 g Sesamkörner
- 150 g Mungobohnenkeimlinge, frisch
- 200 g Speisequark
- 200 g Sahne
- 5 Eier
- etwas Vollmeersalz
- etwas Kräuter- bzw. Gewürzsalz
- etwas geriebene Muskatnuss
- etwas Butter für die Form

Überbackener Lauch mit Äpfeln

Den Lauch putzen, waschen und in schmale Ringe schneiden. Die Äpfel schälen und grob raspeln.

Den Backofen auf 200 °C vorheizen.

Ein wenig von dem Öl in einer Pfanne erhitzen und den Lauch darin bei mittlerer Hitze dünsten. Dann die geraspelten Äpfel sowie das restliche Öl untermischen und alles mit Salz würzen.

Die Sesamkörner in einer beschichteten Pfanne ohne Fettzugabe goldgelb rösten. Die Mungobohnenkeimlinge waschen und abtropfen lassen. Den Quark mit der Sahne und den Eiern verquirlen und mit Vollmeer- und Kräutersalz sowie Muskat würzig abschmecken.

Die Lauch-Apfel-Mischung in eine große, ausgefettete Auflaufform füllen und mit den Sesamkernen sowie einem Drittel der Keimlinge bestreuen. Dann die Quarkmasse darüber gießen.

Den Auflauf im Ofen auf der mittleren Schiene 35-40 Minuten backen. Die restlichen Mungobohnenkeimlinge über den fertigen Auflauf streuen und servieren.

Hähnchen mit Auberginen

Die Zwiebeln schälen und in Scheiben schneiden. Die Aubergine waschen, putzen und in Streifen schneiden. Die Tomaten waschen, putzen und in grobe Stücke schneiden.

Die Hähnchenschenkel in einem Topf in der Butter kurz anbraten, dann herausnehmen. Die Zwiebeln und die Auberginenstücke kurz im verbliebenen Bratfett andünsten.

Die Zitrone auspressen. Das Fleisch wieder in den Topf geben, Tomaten, Zitronensaft, Minze und Gewürze hinzufügen. So viel Wasser dazu gießen, dass das Fleisch zur Hälfte bedeckt ist. Alles bei milder Hitze zugedeckt etwa 30 Minuten garen.

Inzwischen die Champignons kurz waschen, putzen, in Stücke schneiden und nach 30 Minuten Schmorzeit mit in den Topf geben und alles weitere 30 Minuten ohne Deckel köcheln lassen, damit die Flüssigkeit verdampft und der Geschmack intensiver wird.

4 Portionen
etwa 1 1/2 Stunden

- 8 kleine Zwiebeln
- 1 große Aubergine
- 1–2 Tomaten
- 4 Hähnchenschenkel
- 1 EL Butter
- 1 Zitrone
- 1 EL Minze, gehackt
- etwas Vollmeersalz
- 1 Msp. Zimtpulver
- 1 Msp. geriebene Muskatnuss
- 1 Msp. Ingwerpulver
- 150 g Champignons

**4 Portionen
etwa 90 Minuten**

- 600 g Rinderbraten aus der Keule
- 2 Zwiebeln, gewürfelt
- 2 Karotten, gewürfelt
- 2 Lorbeerblätter
- 4 Wacholderbeeren
- 3 Nelken
- 4 cl Apfelessig
- ¼ l trockener Rotwein
- Kräutersalz, Paprika
- Streuwürze
- 30 g Pflanzenfett
- 1 EL Tomatenmark

Gemüse:
- 1 großer Wirsingkopf
- 1 kleine Zwiebel
- 30 g Butter
- 200 ml Sahne
- 100 ml Gemüsebrühe (Grundrezept)
- Kräutersalz, Kümmel, Muskat

Sauerbraten mit Wirsing

Das Fleisch in einem Sud aus Zwiebeln, Karotten, Lorbeer, Nelken, Essig, Wacholderbeeren, Rotwein, Gewürzen und Wasser 4 Tage ziehen lassen. Dann das Fleisch herausnehmen und im Bräter kurz anbraten. Das Tomatenmark dazugeben und kurz mitbraten lassen. Lorbeerblätter, Nelken und Wacholderbeeren aus dem Sud entfernen. Dann mit dem Sud ablöschen und ca. 1,5 Stunden im geschlossenen Topf unter ständigem Ablöschen schmoren lassen. Danach das Fleisch herausnehmen und – eingepackt in Alufolie – 10 Minuten ruhen lassen. In der Zwischenzeit die Soße mit dem Pürierstab pürieren und zum aufgeschnittenen Fleisch reichen.

Den Wirsing putzen, klein schneiden und waschen. Die Zwiebel klein schneiden und mit dem Wirsing in der zerlassenen Butter anschwitzen. Mit der Sahne und der Gemüsebrühe auffüllen, würzen und weich dünsten.

Rotbarschfilet auf Tomaten- soße und Blattspinat

Die Fischfilets waschen, würzen und mit Zitronensaft beträufeln. Im heißen Fett anbraten, dann die Butter zugeben und bei schwacher Hitze fertig braten.

Die Zwiebel in dem Fett anschwitzen und die Tomaten sowie das Tomatenmark dazugeben. Kurz mit anschwitzen lassen, dann mit Wasser und Rotwein ablöschen, mit den Gewürzen abschmecken und 30 Minuten gut durchkochen lassen. Zwischendurch die Butter dazugeben, sie nimmt der Soße den säuerlichen Geschmack. Dann die Soße im Mixer pürieren.

Die Zwiebel und die Knoblauchwürfel in der Butter glasig dünsten, den Spinat dazugeben, würzen und kurz erhitzen. Zum Schluss mit der Sahne verfeinern und noch mal abschmecken.

Die Fischfilets anrichten, mit Tomatensoße umgießen und den Blattspinat dazusetzen. Mit gehackter Petersilie und einem Viertel der Zitrone garnieren.

**4 Portionen
etwa 45 Minuten**

- 4 Rotbarschfilets à 120 g
- Kräutersalz, Streuwürze
- Saft einer halben Zitrone
- 30 g Pflanzenfett
- 10 g Butter
- Petersilie, gehackt
- 1 Zitrone, geviertelt

Tomatensoße:
- 1 Zwiebel, gewürfelt
- 1 EL Pflanzenöl
- 500 g Tomaten, geschält
- 1 EL Tomatenmark
- 100 ml trockener Rotwein
- ¼ l Wasser
- Vollmeersalz, Zitronensaft
- Basilikum, Salbei, Paprikapulver
- 1 Knoblauchzehe, zerdrückt
- 10 g Butter

Blattspinat:
- 1 kleine Zwiebel, fein gehackt
- 2 Knoblauchzehen, fein gehackt
- 20 g Butter
- 800 g blanchierter Spinat
- Kräutersalz, Streuwürze, Muskat
- 100 ml Sahne

Eiweißgerichte

**4 Portionen
ca. 45 Minuten**

- 4 Seezungen à 400 g, küchenfertig
- Streuwürze
- Kräutersalz
- Saft einer Zitrone
- 50 g Pflanzenfett
- 80 g Butter
- Petersilie, gehackt

Gemüse:
- 1 Zwiebel, gewürfelt
- 2 Knoblauchzehen, gehackt
- 6 EL Olivenöl
- 350 g Zucchini, in Scheiben
- 350 g Champignonköpfe, klein
- 350 g Tomatenwürfel, geschält
- Petersilie und Basilikum, gehackt
- Kräutersalz, Streuwürze

Seezunge mit Zucchini-Tomaten-Champignon-Gemüse

Die Seezunge waschen und trocken tupfen. Mit den Gewürzen und dem Zitronensaft marinieren. Im Pflanzenfett ca. 8 Minuten braun anbraten, dann das Fett abgießen und in der schäumenden Butter ca. 3 Minuten nachbraten.

Die Zwiebelwürfel und den gehackten Knoblauch im Olivenöl glasig dünsten. Dann die Champignonköpfe und die Zucchinischeiben dazugeben und alles ca. 5 Minuten dünsten. Jetzt die Tomatenwürfel, die Kräuter und die Gewürze dazugeben und weitere 3–5 Minuten dünsten. Danach nochmals abschmecken.

Die fertige Seezunge auf einem Teller anrichten und das Gemüse rundherum verteilen. Die Seezunge noch einmal mit Zitronensaft beträufeln, mit gehackter Petersilie bestreuen und sofort servieren.

Gebratene Forelle mit Mandelbutter und Blattspinat

**4 Portionen
ca. 40 Minuten**

Die Forellen gründlich waschen und dann innen und außen trocken tupfen. Mit den Gewürzen und dem Zitronensaft würzen. Die Forellen ca. 6 Minuten im Pflanzenfett von beiden Seiten braten. 20 g Butter hinzugeben und nochmals kurz nachbraten. Die Forellen auf vorgewärmten Tellern anrichten.

Das Bratfett abgießen und die restliche Butter in die Pfanne geben. Die gehobelten Mandeln hineinstreuen, goldgelb rösten und mit dem Cognac ablöschen. Die Mandelbutter über die angerichteten Forellen gießen.

Die Zwiebel und die Knoblauchwürfel in der Butter glasig dünsten, den Spinat hinzugeben, würzen und kurz erhitzen. Zum Schluss mit der Sahne verfeinern, nochmals abschmecken. Zur angerichteten Forelle dazusetzen und mit gehackter Petersilie und einem Zitronenviertel garnieren.

- 4 Forellen à 250 g, küchenfertig
- Vollmeersalz, Streuwürze
- Saft einer Zitrone
- 40 g Pflanzenfett
- 60 g Butter
- 50 g gehobelte Mandeln
- 2 cl Cognac
- Petersilie, gehackt, zum Garnieren
- 1 Zitrone, geviertelt, zum Garnieren

Blattspinat:
- 1 kleine Zwiebel, fein gehackt
- 2 Knoblauchzehen, fein gehackt
- 20 g Butter
- 800 g blanchierten Spinat
- Kräutersalz, Streuwürze, Muskat
- 100 ml Sahne

Soßen und Mayonnaisen

4 Portionen
ca. 20 Minuten

- 1 Zwiebel, grob gewürfelt
- 100 g Karotten, in Scheiben
- 50 g Sellerie, gewürfelt
- 50 g Champignons
- 1 EL Pflanzenfett
- 1 EL Kapern
- Kräutersalz, Paprika, Streuwürze
- Knoblauch, gehackt
- 50 ml Sahne

Pikante Soße

Die Zwiebel und das Gemüse im Pflanzenfett anbraten. Die Kapern und die Gewürze dazugeben und ca. 15 Minuten dünsten. Das Ganze im Mixer pürieren, mit Sahne verfeinern und nochmals abschmecken.

4 Portionen
ca. 15 Minuten

- 250 ml Sahne
- 100 g Gorgonzola oder anderen Käse
- Kräutersalz, Streuwürze
- frische Kräuter, nach Wunsch

Käsesoße

Die Sahne aufkochen lassen, den Käse klein geschnitten dazugeben, alles gut glattrühren, würzen und servieren. Die Soße kann mit frischen Kräutern verfeinert werden.

Rahmchampignonsoße

Die Zwiebelwürfel und die Champignonscheiben in der zerlassenen Butter weich dünsten. Dann mit Sahne auffüllen, würzen und etwas einkochen lassen. Vom Herd nehmen, das Eigelb einrühren und mit gehackter Petersilie bestreuen.

4 Portionen
ca. 15 Minuten

- 250 g Champignons in Scheiben geschnitten
- ½ Zwiebel, fein gehackt
- 20 g Butter
- 100 ml Sahne
- Kräutersalz, Streuwürze
- 1 Eigelb
- 1 Bund Petersilie, gehackt

Wichtig

Nachdem das Eigelb zugegeben wurde, darf die Soße nicht mehr kochen.

Mayonnaise ohne Ei

Alle Zutaten gut miteinander verrühren und würzen.

4 Portionen
ca. 10 Minuten

- 2–3 EL Quark
- 2–3 EL saure Sahne
- 1 EL Öl
- 1 EL Honig
- 1 Knoblauchzehe, zerdrückt
- Streuwürze

Holländische Soße

**4 Portionen
ca. 15 Minuten**

- 50 g Butter
- 1 EL Vollkornmehl
- ¼ l Gemüsebrühe
- 2 Eigelb
- Kräutersalz, Streuwürze

Die Butter zerlassen und mit dem Vollkornmehl verrühren. Mit kalter Gemüsebrühe auffüllen und aufkochen lassen. Dann vom Herd nehmen, das Eigelb unterrühren und mit Salz und Streuwürze abschmecken. Eventuell mit Sahne verfeinern.

Weiße Soße zu Fisch

**4 Portionen
ca. 15 Minuten**

- 100 g Schalotten, fein gewürfelt
- 20 g Butter
- 100 ml trockener Weißwein
- 250 ml Sahne
- Kräutersalz, Streuwürze
- 2 Eigelb
- 4 EL Sahne

Die Schalotten in der Butter glasig dünsten. Mit Weißwein, Sahne und dem Fischfond auffüllen. Kurz aufkochen lassen, würzen und vom Herd nehmen. Das mit der Sahne verquirlte Eigelb hineinrühren und sofort servieren.

In diese Soße passen hervorragend kleine blanchierte Gemüsewürfel, zum Beispiel Möhren, Lauch oder klein gehacktes Fenchelkraut.

Soßen und Mayonnaisen

Kräuterremoulade

Das Öl tropfenweise unter das rohe Eigelb und den Essig einrühren, bis eine cremige Masse entsteht. Dann das zerdrückte gekochte Eigelb sowie die restlichen Zutaten dazugeben und gut verrühren.

**4 Portionen
ca. 15 MInuten**

- 2 gekochte Eigelb
- 2 rohe Eigelb
- 350 ml Öl
- 4 EL Essig
- 125 g saure Sahne
- gehackte Kräuter (Dill, Petersilie, Schnittlauch, Liebstöckel, Kerbel, Kresse, Estragon)
- 1 EL Kapern
- 1 Gewürzgurke, gewürfelt
- Kräutersalz

Schnelle Frankfurter Grüne Soße

Den Schmand mit der sauren Sahne, dem Joghurt und dem Öl zu einer glatten Soße verrühren. Das Eigelb hacken und mit dem Kräutersalz, dem Essig und den Kräutern in die Soße rühren. Die Soße 1 Stunde im Kühlschrank durchziehen lassen und eventuell nochmals abschmecken.

**4 Portionen
ca. 15 Minuten**

- 2 EL Schmand
- 2 EL saure Sahne
- 2 EL Naturjoghurt
- 2 EL Pflanzenöl
- 3 hartgekochte Eigelbe
- Kräutersalz
- 1 EL Essig
- je 1 Bund Petersilie, Kerbel, Sauerampferblätter, Dill, Schnittlauch, Estragon, frisch und gehackt

Desserts und süße Sachen

**4 Portionen
ca. 15 MInuten**

- 250 g Magerquark
- 100 ml Sahne
- 3 TL Birnendicksaft
- 200 g eingeweichte Trockenfrüchte

Quarkdessert

Den Quark mit der Sahne und dem Birnendicksaft gut verrühren, bis die Masse cremig ist. Die eingeweichten Trockenfrüchte dazugeben und gut unterheben. Den Quark in Portionsschalen füllen und mit einem Stück Obst garnieren.

**4 Portionen
ca. 15 Minuten**

- 4 Orangen
- 2 Mandarinen
- 400 g körniger Frischkäse
- 100 g Mandeln
- 1 EL Birnendicksaft

Orangenkörbchen

Die oberen Drittel der Orangen abschneiden. Das Fruchtfleisch aushöhlen und zusammen mit dem Fleisch der Mandarinen klein schneiden. Den Frischkäse mit den Mandeln und dem Birnendicksaft verrühren und das Fruchtfleisch unterheben. Die Orangen damit füllen und die Deckel aufsetzen.

Desserts und süße Sachen

Heidelbeerparfait auf Fruchtspiegel

Das Eigelb mit dem Honig im Wasserbad cremig rühren. Die Sahne steif schlagen und mit der wieder kaltgeschlagenen Eigelb-Honigmasse sowie den Heidelbeeren gut vermischen.

Eine Kastenform mit Wasser ausspülen und mit Klarsichtfolie auslegen. Die Masse einfüllen und über Nacht im Gefrierschrank gefrieren lassen.

Die Heidelbeeren pürieren. Schmand mit Honig verrühren. Auf einem Teller aus beiden Soßen einen gefälligen Spiegel zaubern und das Parfait darauf anrichten.

4 Portionen
ca. 40 Minuten

- 4 Eigelb
- 3 EL Honig
- 300 ml Sahne
- 150 g Heidelbeeren

Für den Fruchtspiegel:
- 100 g Heidelbeeren
- 30 g Schmand
- 1 EL Honig

Reis Trautmannsdorf

Den Reis in Wasser aufkochen und ausquellen lassen. Den abgekühlten Reis mit Honig, Rum, Bananen und Schlagsahne vermischen und in Portionsschälchen füllen.

4 Portionen
ca. 40 Minuten

- 100 g Vollkornreis
- 2 EL Honig
- 1 cl Rum
- 150 ml Schlagsahne
- 2 Bananen, zerdrückt

Desserts und süße Sachen

**4 Portionen
ca. 30 Minuten**

- 500 ml Sahne
- 1 Vanilleschote
- 4 Eigelb
- 1 EL Honig
- 3 Blatt Gelatine
- Heidelbeeren (oder andere Beeren) zum Garnieren

Vanillecreme

Einen kleinen Teil der Sahne kurz erwärmen und die aufgeschnittene Vanilleschote darin ausziehen lassen. Das Eigelb mit dem Honig schaumig schlagen und die erwärmte Sahne hinzufügen. Die eingeweichte aufgelöste Gelatine hinzugeben und zuletzt die restliche steif geschlagene Sahne unterheben. Die Creme in Glasschälchen füllen und im Kühlschrank auskühlen lassen. Vor dem Servieren mit den Beeren garnieren.

**4 Portionen
ca. 20 Minuten**

- 130 g Hirse
- 70 g Honig
- 80 g Walnüsse
- 1 TL Zimt
- 250 ml Sahne

Hirsecreme

Die Hirse in 300 ml Wasser unter Rühren ca. 5 Minuten kochen lassen. Den Honig, die Nüsse und den Zimt dazugeben. Unter Rühren – wegen der Hautbildung – abkühlen lassen. Die Sahne steif schlagen und unter die Hirse heben. Das Ganze in Portionsschalen füllen und servieren.

Quark mit Kirschen

**4 Portionen
ca. 15 Minuten**

Die Sahne steif schlagen und unter den Quark rühren. Den Birnendicksaft zugeben und verrühren. Zum Schluss die Kirschen unterheben.

Diese Quarkspeise kann mit jedem sauren Obst hergestellt werden.

- 300 g Quark
- 100 ml Sahne
- 2 EL Birnendicksaft
- 300 g Kirschen, entkernt

Schlagrahmspeise

**4 Portionen
ca. 15 Minuten**

Die Sahne steif schlagen und mit dem Joghurt und den pürierten Erdbeeren gut verrühren. In Portionsschalen füllen, mit Minzeblättern garnieren und servieren.

- 200 ml Sahne
- 100 g Joghurt
- 200 g Erdbeeren, püriert
- einige Minzeblätter

Eis

**4 Portionen
ca. 15 Minuten**

Die Sahne sehr steif schlagen und mit den pürierten Himbeeren verrühren. Bei Bedarf etwas mit Birnendicksaft süßen. Das Ganze in eine Gefrierschale füllen und in der Gefriertruhe einfrieren lassen.

- 250 ml Sahne
- 80 g Himbeeren, püriert
- etwas Birnendicksaft (bei Bedarf)

Desserts und süße Sachen

**4 Portionen
ca. 20 Minuten**

- 500 g verschiedenes Obst
- 2 EL Birnendicksaft
- 1 Prise Kardamom
- etwas Zitronensaft
- 200 ml Sahne
- 50 g Mandelstifte

Obstdessert

Das Obst waschen, schälen und in Würfel schneiden. Mit Birnendicksaft, Kardamom und Zitronensaft abschmecken.

Die Sahne steif schlagen und mit dem Obst vermengen. Das Ganze in Portionsschalen füllen und mit Mandelstiften garnieren.

**4 Portionen
ca. 35 Minuten**

- 4 Äpfel
- 100 g Haselnüsse, gemahlen
- 1 EL Honig
- 50 g eingeweichte Rosinen
- 40 g Butter

Gebratene Äpfel

Die Äpfel waschen und mit einem Ausstecher vom Kerngehäuse befreien. Die Haselnüsse mit dem Honig und den eingeweichten Rosinen vermengen und in die Äpfel füllen. Dann die Äpfel in eine feuerfeste Form geben, mit Butterflöckchen belegen und im Backofen ca. 25 Minuten bei 160 °C backen.

**4 Portionen
ca. 15 Minuten**

- 3 EL Honig
- 4 Bananen
- 50 g Mandelblätter
- 40 g Butter
- 4 cl Cognac

Bananenflambée

Die Bananen schälen und der Länge nach halbieren. Den Honig in einer Pfanne langsam bräunen und die Bananenhälften darin kurz anbräunen. Mit den Mandelblättern bestreuen und die Butter darüber geben. Wenn die Butter zergangen ist, den Cognac dazugeben und mit einem Streichholz anzünden. Das Ganze durch Schräghalten abbrennen lassen und servieren.

Desserts und süße Sachen

Quark mit Rosinen

Die Sahne steif schlagen und mit dem Quark und dem Honig verrühren. Dann die Haselnüsse und die Sultaninen dazugeben und nochmals vermischen. In Portionsschalen füllen und mit je einem Minzeblatt garnieren.

4 Portionen
ca. 15 Minuten

- 250 g Quark
- 100 ml Sahne
- 50 g Haselnüsse, gemahlen
- 2 EL Honig
- 80 g Sultaninen, eingeweicht
- einige Minzeblätter

Orangenshake

Joghurt, Orangensaft und Vanillemark zusammen im Mixer mixen. Die Kokosraspeln darunterrühren und den Shake in ein hohes Longdrinkglas geben.

1 Portion
ca. 10 Minuten

- 150 g Vollmilchjoghurt
- Saft einer mittelgroßen Orange
- 1 Msp. Vanillemark
- 1–2 TL Kokosraspeln

Kuchen und pikantes Gebäck

ca. 25 Stück
ca. 1 Stunde

Teig:
- 2 Eigelb
- 50 g Honig
- 100 g Butter
- 125 g Weizenvollkornmehl
- 1 TL Weinstein-Backpulver
- 1 Prise Vollmeersalz

Belag:
- 150 g gehobelte Mandeln
- 100 g Butter
- 50 g Honig
- 2 EL Weizenvollkornmehl
- 4 EL süße Sahne

Mandelkuchen auf dem Blech

Eigelb, Honig und Butter miteinander schaumig rühren. Löffelweise das mit Backpulver gemischte Vollkornmehl unterrühren. Mit dem Salz würzen und auf ein halbes gefettetes Kuchenblech gleichmäßig verteilen. Ca. 20 Minuten bei mittlerer Hitze bei 180 °C ausbacken.

In der Zwischenzeit Zutaten für den Belag in einen Topf geben und unter Rühren langsam aufkochen lassen. Die Masse auf den vorgebackenen Teig geben, gleichmäßig verteilen und nochmals ca. 20 Minuten bei 180 °C backen.

Noch warm in 25 Stücke teilen und auf einem Gitter auskühlen lassen.

Nussschnitten

Vollkornmehl, Backpulver, Wasser-Sahne-Gemisch, Honig und Eigelb zu einem glatten Teig verarbeiten und auf ein halbes, gefettetes Kuchenblech geben. Gleichmäßig verteilen. Ca. 12 Minuten bei 160 °C backen.

Für den Belag die Butter in einem Topf schmelzen lassen. Honig, Wasser und Nüse hineingeben und erwärmen. Unter Rühren langsam aufkochen. Den Belag auf dem fertigen Teig verteilen und 12 Minuten bei 150 °C abbacken. Noch heiß in ca. 25 Stücke schneiden und auf einem Gitter auskühlen lassen.

ca. 25 Stück
ca. 1 Stunde

- 150 g Weizenvollkornmehl
- 1 Msp. Weinstein-Backpulver
- 40 g Honig
- 1 Eigelb
- etwas Sahne-Wasser-Gemisch

Belag:
- 100 g Butter
- 75 g Honig
- 3 EL Wasser
- 200 g Haselnüsse oder Mandeln, grob gehackt

Streuselkuchen

Die Butter zerlaufen lassen, den Honig, den Quark und den Zimt hineinrühren.

Das Dinkelvollkornmehl mit dem Backpulver vermischen und unter die Butter-Quark-Masse kneten. Eine runde Springform (26 cm Durchmesser) ausfetten und den Teig gleichmäßig darin verteilen.

Aus dem Dinkelvollkornmehl, den Mandeln, der Butter und dem Honig Streusel kneten und auf dem Teig zerbröseln.

Im vorgeheizten Backofen bei 150 °C etwa 30–40 Minuten backen, bis die Streusel goldbraun sind.

12 Stücke
ca. 1 Stunde

- 50 g Butter
- 50 g Honig
- 250 g Quark, 20%
- ½ TL Zimt
- 125 g Dinkel, fein gemahlen
- 2 TL Weinstein-Backpulver
- Butter für die Form

Streusel:
- 200 g Dinkel, fein gemahlen
- 50 g Mandeln, gemahlen
- 100 g Butter (kalt)
- 100 g Honig

Kuchen und pikantes Gebäck

12 Stücke
ca. 40 Minuten

- 100 g weiche Butter
- 50 g Honig
- 100 g Quark, 20 %
- ½ TL Zimt
- 140 g Dinkel, fein gemahlen
- 1 TL Weinstein-Backpulver
- 3–5 EL Wasser

Belag:
- 3 große mürbe Äpfel
- 70 g Rosinen, in etwas Zwetschgenwasser eingeweicht
- 1 TL Zimt
- 2 EL Frutilose

Streusel:
- 200 g Dinkel, fein gemahlen
- 100 g Honig
- 100 g Butter

Apfelkuchen mit Streusel

Die Butter mit dem Honig schaumig rühren, den Quark und den Zimt zugeben. Das Backpulver mit dem Dinkelvollkornmehl mischen und kräftig mit dem Quarkgemisch verkneten. Eventuell 3–5 EL Wasser zugeben.

Den Teig etwa 20 Minuten ruhen lassen. Danach gleichmäßig auf ein gefettetes Backblech (26 cm Durchmesser) verteilen.

Die Äpfel schälen, entkernen und in mittelgroße Spalten schneiden. Die Äpfel, Rosinen, Zimt und Frutilose miteinander mischen und auf den Teig geben.

Das Dinkelmehl, den Honig und die Butter zu Streusel verkneten und auf die Äpfel bröseln.

Im vorgeheizten Backofen bei 150 °C etwa 30–40 Minuten backen.

Partybrötchen

Den Dinkel, Weizen, Grünkern sehr fein mahlen. Die Hefe in handwarmem Wasser auflösen und einen Teil des Vollkornmehls hineinrühren. Zugedeckt an einem warmen Ort etwa 20 Minuten gehen lassen. Dann das restliche Mehl und Salz hinzufügen und kräftig miteinander verkneten.

Etwa 15 runde Brötchen formen, auf ein gefettetes Backblech setzen und nochmals an einem warmen Ort 30 Minuten gehen lassen. Anschließend das Eigelb mit dem Wasser verquirlen und die Brötchen damit bestreichen. Nach Belieben mit Mohn, Sesam oder Kümmel bestreuen. Im vorgeheizten Backofen bei 200 °C etwa 20 Minuten backen.

ca. 15 Brötchen
ca 1 Stunde

- 300 g Dinkelkörner
- 200 g Weizenkörner
- 100 g Grünkernkörner
- 1 Würfel Hefe (42 g)
- 330 ml Wasser (handwarm)
- 1 TL Meersalz
- 1 Eigelb
- 2 EL Wasser
- Mohn
- Sesam
- Kümmel

Käsehippen

Das Vollkornmehl mit Butter, Käse, Meersalz und Paprika zu einem glatten Teig verkneten. Danach den Teig etwa $1/2$ cm dick ausrollen, in schmale, 10 cm lange Streifen schneiden und zu Spiralen drehen. Anschließend kühl ruhen lassen.

Das Eigelb mit dem Wasser verrühren, das Gebäck damit bestreichen und mit dem Kümmel bestreuen.

Im vorgeheizten Backofen bei 200 °C 10–12 Minuten goldgelb backen.

ca. 20 Stück
ca. 30 Minuten

- 200 g Vollkornmehl (Weizen oder Dinkel), fein gemahlen
- 100 g Butter
- 60 g Gorgonzola
- 1 Msp. Vollmeersalz
- $1/2$ TL Paprika, edelsüß
- 1 Eigelb
- 2 EL Wasser
- 2 EL Kümmel

Rezeptregister

	K	N	E	Seite
Antipasti		x		89
Äpfel, gebraten			x	132
Apfelkuchen mit Streusel	x			136
Artischocken, geschmort		x		99
Auberginen, gefüllt		x		101
Avocadoaufstrich		x		81
Bananenflambée	x			132
Blumenkohl, gebacken	x			101
Blumenkohlcremesuppe mit Frischkäse	x			87
Bohnensuppe	x			86
Buchweizenfrikadellen	x			108
Camembert, gebacken, mit Heidelbeeren und Vollkorntoast	x			90
Champignontorte, pikante	x			108
Chicorée in Sahnesoße		x		89
Dinkelvollkornkekse	x			77
Eibutter		x		80
Eis		x		131
Entenbrust auf Waldpilzcreme mit Brokkoligratin			x	112
Feinschmecker-Brotaufstrich	x			82
Feinschmeckerfrühstück			x	79
Fenchelgemüse		x		98
Fischkoteletts mit Gemüse		x		117
Forelle, gebraten, mit Mandelbutter und Blattspinat			x	123
Frankfurter Grüne Soße, schnelle		x		127
Frischkornmüsli	x			74
Geflügelcocktail			x	92

	K	N	E	Seite
Geflügelleber, gebraten, auf Portweinsoße und frischen Salaten			x	93
Gemüsecremesuppe		x		83
Gemüsegratin		x		98
Gemüse-Grundbrühe		x		83
Gemüsesuppe mit rohen Kartoffeln	x			86
Gurken, gedünstet, mit Dillbutter und Eigelb		x		100
Gurkensuppe mit Knoblauch, kalte			x	85
Hähnchen mit Auberginen			x	119
Hähnchenbrust, gedämpft, auf Weißwein-Schnittlauch-Creme mit verschiedenen Gemüsen			x	109
Heidelbeerparfait auf Fruchtspiegel	x			129
Hirsecreme	x			130
Huhn, gedämpft, in Tomatensoße mit Paprikagemüse			x	114
Hüttenkäse mit Obst			x	79
Kalbschmorfleisch mit Gemüsesoße			x	116
Karotten-Quark-Bratlinge	x			94
Karottensuppe mit Krabben	x			88
Kartoffelrösti mit Lauchgemüse überbacken	x			102
Käsehippen	x			137
Käseomelett mit Tomaten	x			78
Käsesoße		x		124
Käsespätzle	x			105
Kraut, bayerisches			x	101
Kräuterbutter		x		80
Kräuterfrischkornmüsli	x			75

Rezeptregister

	K	N	E	Seite
Kräuterremoulade		x		127
Kressesuppe mit Croûtons	x			84
Lammkoteletts mit grünen Butterbohnen und Rotweinschalotten			x	115
Lauch, überbacken, mit Äpfeln			x	118
Lauchcremesuppe		x		87
Lauchtaschen	x			104
Liptauer Käse		x		81
Mandelkuchen auf dem Blech	x			134
Mayonnaise mit Ei		x		125
Möhrengemüse		x		100
Müsli nach Dr. Budwig		x		75
Nussschnitten	x			135
Obatzda		x		82
Obstdessert			x	132
Orangenkörbchen			x	128
Orangenshake			x	133
Partybrötchen	x			137
Pfirsichkefir			x	77
Pikante Kürbissuppe		x		88
Pilzspaghetti	x			104
Pilzsuppe	x			85
Pizza mit Schafskäse	x			102
Polenta, gebacken, mit Gemüsegulasch	x			107
Putenoberschale, geschmort, mit Rosenkohl			x	110
Quark mit Kirschen			x	131
Quark mit Rosinen	x			133
Quarkdessert	x			128
Quarkklöße	x			97
Quarkmüsli		x		74
Rahmchampignonsoße		x		125
Reis Trautmannsdorf	x			129
Rettichquark		x		78
Rinderhacksteak mit Ratatouille			x	111

Rezeptregister

	K	N	E	Seite
Rindfleisch, geschmort, mit Gurke und Minze			x	113
Rotbarschfilet auf Tomatensoße mit Blattspinat			x	121
Rote-Bete-Frischkost	x			92
Sauerbraten mit Wirsing			x	120
Schafskäse, gebacken, auf kleinem Salatbukett	x			90
Schafskäseaufstrich		x		80
Schlagrahmspeise			x	131
Seezunge mit Zucchini-Tomaten-Champignon-Gemüse			x	122
Selleriescheiben, in Sesam paniert, mit Kartoffel-Möhrenpüree	x			105
Soße, holländische	x			126
Soße, pikant		x		124
Soße, weiße, zu Fisch			x	126
Spargel, frisch, mit Petersilienkartoffeln, Sauce hollandaise und rohem Rinderschinken	x			103
Spinatauflauf			x	99
Streuselkuchen	x			135
Tomatenbutter		x		81
Tomaten-Mozarella-Teller			x	91
Vanillecreme	x			130
Vierkornfladenbrote	x			95
Vital-Salat			x	91
Waldorf-Salat	x			93
Zucchini, gefüllt	x			106
Zucchinipuffer		x		96
Zwiebelsuppe			x	87

UNSER LESER-SERVICE FÜR SIE

Liebe Leserin, lieber Leser,

wir freuen uns, dass wir Ihnen mit diesem Buch weiterhelfen konnten. Fragen zum Inhalt dieses Buches leiten wir gern an die Autorin oder den Autor weiter.

Auch Anregungen und Fragen zu unserem Programm wie auch Ihre Kritik sind uns herzlich willkommen!

Denn: **Ihre Meinung zählt.**
Deshalb zögern Sie nicht – schreiben Sie uns!

Ihre

Dr. Elvira Weißmann-Orzlowski

▌ Adresse:	Lektorat Haug Verlag
	Postfach 30 05 04
	70445 Stuttgart
▌ E-Mail Leserservice:	heike.bacher@medizinverlage.de
▌ Fax:	0711-8931-748

Natürlich sanfte Heilkraft für Sie und Ihr Kind

148 Seiten, 9 Fotos
€ 14,95 [D] / CHF 26,20
ISBN 3-8304-2094-0

- Gesundheit für Körper und Seele.
- Nutzen Sie die richtigen Mineralstoffe für alle Lebensphasen und Zyklen.
- Problemlos und leicht anzuwenden: Mit praktischem Anwendungsteil.

128 Seiten, 10 Fotos
€ 14,95 [D] / CHF 26,20
ISBN 3-8304-2195-8

- Sichern Sie die gesunde Entwicklung Ihres Kindes.
- Beugen Sie Mangelerscheinungen gezielt vor und unterstützen Sie Ihr Kind sanft durch die richtigen Mineralstoffe.
- Ohne Risiken und Nebenwirkungen: Die Schüßler-Salze eignen sich problemlos für den Hausgebrauch.

112 Seiten
€ 6,95 [D] / CHF 12,20
ISBN 3-8304-2054-4

- Der praktische Mini für die Handtasche.
- Für zu Hause, im Büro oder auf Reisen: Hier finden sie schnell die richtigen Mineralstoffe.
- Mit Indikationsregister für alle Beschwerden von A – Z.

MVS
Medizinverlage Stuttgart
Postfach 30 05 04
70445 Stuttgart
www.haug-gesundheit.de

Empfehlen Sie Ihren Patienten

50 Jahre Arzterfahrung
– Das Vermächtnis von Dr. Rauch

168 Seiten
€ 17,95 [D] / CHF 31,40
ISBN 3-8304-2097-8

Vermeiden Sie Krankheiten und ernähren Sie sich richtig!

- Wichtige Informationen über Fette, Kohlehydrate und Proteine
- So findet jeder für sich die richtige Kombination
- Die Chance, lebenslang schlank und gesund zu bleiben

In Ihrer Buchhandlung oder
bei Haug in
MVS Medizinverlage Stuttgart
Postfach 30 05 04
70445 Stuttgart
www.haug-gesundheit.de

Haug
natürlich gesund
natürlich Haug